떠오르는 태양
-하느님께 다가가게 해주는 짧은 이야기 4-

닐 기유메트 · 박응희

RISING SUN

NIL GUILLEMETTE
Tr. by **Park Uoong-Hee**

Copyright © 1993 by ST PAULS, Metro Manila, Philippines
Korean translation copyright © 1996 by ST PAULS, Seoul, Korea

이 책은 홍보수단을 통하여 복음을 전하는
성바오로 수도회 수도자들이
제작한 것입니다.

ST PAULS
103-36 Mia 9-dong Gangbuk-gu 142-806 Seoul Korea
Tel.(02)9448-300, 986-1361 Fax.(02)986-1365

국립중앙도서관 출판시도서목록(CIP)

떠오르는 태양 / 닐 기유메트 [저] ; 박웅희 옮김. -- 서
울 : 성바오로, 2003
    p. ;   cm. -- (하느님께 다가가게 해주는 짧은 이야
기 ; 4)

ISBN 89-8015-081-4 03230

238.24-KDC4
242-DDC21   CIP2003001670

아가야, 너는 지극히 높으신 하느님의 예언자 되어
주님보다 앞서 와서 그의 길을 닦으며
죄를 용서받고 구원받는 길을
주의 백성들에게 알리게 되리니
이것은 우리 하느님의 지극한 자비의 덕분이라.
하늘 높은 곳에 구원의 태양을 뜨게 하시어
죽음의 그늘 밑 어둠 속에 사는 우리에게
빛을 비추어 주시고
우리의 발걸음을 평화의 길로 이끌어 주시리라.

루가 1,76-79

머리말

　이전에 나온 내 책들에서 언급했듯이, 나는 머리말에다 세계를 뒤흔들 만큼 대단한 메시지를 담으려 하지 않는다. 사실 머리말은 비유적으로 말하면 다만 내가 독자들과 악수하는 방편일 뿐이다.
　왜냐하면 단편집의 본질이 책 자체의 행로에서 독자들에게 직접 이야기할 수 있다는 가능성을 전제로 하기 때문이다. 사람들이 악수를 하면서 친밀감을 형성하기 위해(중요한 대화는 나중으로 미루어 둔 채) 하찮은 이야기에 열중하는 것과 같이, 나 역시 여기서는 별로 중요할 게 없는 문학적 잡담 같은 것을 보태기로 하겠다. 그러나「어린 왕자」에서 한 친구가 "본질은 눈에 보이지 않는다."라고 했듯이, 잡담을 나누며 독자들은 그것이 전혀 쓸모 없는 것만은 아님을 알아 주기 바란다.

　「땅 끝까지」에서 나는 단편 작가로서 나의 '저술 비밀'을 몇 가지 밝혔다. 이야기하기를 시도하려는 예비 작가들을 지도할 요량이었다. 그때 내가 설명했던 것은 이야기 저술의 예비단계였으며, 그렇기에 내 견해가 지극히 주관적이라는 사실을 인정하면서도 중요성을 강조했던 것이다. 예비단계에 포함되는 것으로 내가 잊고 지나친 사실이 하나 있는데, 그것이야말로 모든 것들 중 가장 중요한 것이다.

따라서 나는 이제 두 번째 단계, 즉 저술행위 그 자체로 넘어가기 전에 이것을 강조하고 싶다. '기도'에 대해 언급하려는 것이다. 내가 하느님께 당신의 영감을 간청하지 않고는 결코 예비단계를 시작하지 않음을 공식적으로 밝혀 두고자 한다. 나에게 이 기도는 저술에 있어 필수 불가결한 것이다. 하느님께서 나에게 주시지 않는다면, 쓸 만한 하느님 이야기일랑은 없다는 것을 확신하고 있다.

다른 작가들은 이 문제에 관해 다른 견해를 주장할지 모르며 나는 물론 그들을 존중한다. 하지만 조금만 정직해져도 하느님께 당신의 당연한 권리를 돌리지 않을 수 없다. 이 맨 처음 킥오프(축구의 시축)는 차치하더라도 그 이후의 저술기간 동안 나는 종종 기도에 의지했으며, 특별한 곤란에 직면했을 때는 특히 그러했다.

이제 세 번째 단계, 즉 이야기들의 실제 저술로 넘어가겠다. 여기서 또한 내가 말하는 것은 아주 주관적이다. 따라서 예비작가에 대한 모종의 규준(規準) 구실로 하려는 의도는 전혀 담겨 있지 않다. 이들 세부 사항에 들어감에 있어 나의 유일한 희망은, 내 의견의 수혜를 입을지 모르는 사람들 누구에게라도 다소나마 도움이 되었으면 하는 것이다.

나는 원고를 쓸 땐 언제나 볼펜을 가지고 작은 메모 용지에 쓴다. 타자기나 컴퓨터를 사용하는 것이 내 신앙에 반대되기 때문에 그러는 것은 아니다. 다만 그렇게 하는 게 더 편하기 때문이다. 나는 저술의 마지막 단계에서만, 그러니까 깨끗한 원고를 출판사에 넘겨 줄 준비가 다 되었을 때에만 타자기를 사용한다. 물론 많은 사람들은 내가 컴퓨터를 사용하지 않으므로 많은 시간을 허비할 거라고들 말한다.

여기에 대해서는 나도 전적으로 수긍하는 바이지만, 가장 좋은 결과를 얻을 수 있는 건 다름 아닌 시간을 허비함으로써이기 때문에 그 방법을 택하고 있다. 게다가, 만일 시간을 아끼려고 조바심을 칠 요량이었다면 나는 처음부터 이야기를 저술하려 하지도 않았으리라! 기왕 말이 났으니, 나는 여기서 내가 컴퓨터와 같은 시간 및 노동 절약형 기구들에 일말의 반감을 가지고 있음을 고백한다. 그것들을 원칙적으로 반대하는 것은 아니다. 다만 우리가 온갖 시간 절약형 기구들을 사용하면서도 여전히 시간이 없다고 불평하면서 목 잘린 닭처럼 미친 듯 날뛰고 다닌다는 것을 잘 알고 있기 때문이다. 우리네 선조들은 시간 절약형 기구들과는 거리가 멀었으면서도 우리보다 더 여유 있게 살았다. 이상하지 않은가?

본격적으로 글을 쓰는 동안에는 이미 설계해 둔(종이 위에도 좋고 머리 속에도 좋다.) 구성을 따라가기만 하면 된다. 발단에서부터 절정에 이르기까지 이야기가 어떻게 전개될 것인지 내 시야에서 결코 놓치지 않은 채로 말이다. 게다가 대략 대여섯 쪽의 '짧은 이야기'를 쓰는 것이 목적이므로 나는 간결하고 경제적인 수단을 찾아야 한다. 이야기로부터 내 주의를 흐트러지게 하는 것이 있어서는 안 된다. 그래야만 이야기가 잘 지어진 건물처럼 깔끔하게 진전될 수 있는 것이다. 물론, 이는 주인공이 어떤 주요한 내적 발전(귀의나 심리변화 등)을 겪을 때는 특히 어렵다. 그럴 때에 이야기는, 주인공의 다양한 발전 단계를 설정해야 하기 때문이다. 그렇지 않으면 이야기 끝에 나타나는 인물의 행동변화는 정당하지 못하게 보이리라. 하지만 신중한 작가라면 그럴 경우에라도 주인공의 발전에 대한 묘사에 있어서 시종 간결성을 추구할 것이다. 이러한 묘사에 개입된 어떤 불필요한 요소도 이야기 진행 속도만 늦출 따름이니까.

  살아 움직이는 듯한 방식이나(때로는 갑작스런 개시가 여기에 극히 유용하다.) 심지어 전혀 예기치 못한 방식으로 시작하는 것도 이야기를 효과적으로 진행시키는 데 크게 도움이 된다. 그러나 그렇다고 하더라도 독자들을 처음부터 올바른 방향으로 안내하기 위해서는, 그리고 발단에서부터 그들의 주의를 붙잡아 두기 위해서는 이야기의 첫 문장 몇 개는 그들에게 자신들이 이야기에 진입하는 데 필요한 여러 가지 정보, 즉 주인공 혹은 등장인물들에 대한, 시간과 배경에 대한 그리고 구성에 대한 신속한 개요 설명을 제공해야 한다.

  이렇게 개설적인 안내가 있은 후에, 나머지의 이야기는 어떠한 균열이나 억지스런 비약도 없이 자연스레 흘러야 한다. 그리하여 각 부분이 이웃 부분들에 매끄럽게 연결되어서 독자들이 이야기의 추이를 좇는 데 아무런 어려움이 없어야 한다.

  이런 점에서 개연성 없는 사상(事象)이나 사건을 도입하는 것은 피해야 하며, 인물 측면에서의 개연성 없는 반응은 더욱더 피해야 한다. 물론 이는 생소하거나 놀라운 것은 그 어떤 것이라도 구성이나 인물들에게 일어나서는 안 된다는 것을 의미하지는 않는다. 그렇지만 그러한 왜곡은 어찌됐든, 주어진 일단(一團)의 조건에서라면 일어나리라고 합리적으로 기대될 수 있는 것이어야만 한다. 하지만 개연적인 것과 그렇지 못한 것 사이의 분계선이 극히 협소하다는 사실과, 실제적 삶이 거의 믿을 수 없을 정도의 우연적 사건들로 가득하다는 사실은 인정한다. 그럼에도 불구하고 작가는 독자의 상상력을 극단까지 펼쳐 놓아서는 안 된다.

마지막으로, 나는 늘 발단을 목표로 이야기의 결말을 맺으려 노력한다. 마치 무슨 이야기의 원(圓)이라도 완성하고 있듯이 말이다. 이는 이야기에 치밀성을 부여하는 데, 그리고 독자들의 만족을 높이는 데 도움이 된다. 그럴 때 독자들은 종결이 풀린 채로 느슨하게 방임되지 않았다고 느끼는 것이다.

또한 이야기 '포장하기(packaging)'를 한층 개선시켜 주는 것이 좋은 제목이다. 제목은 짧고 인상적이면서 평범하지 않아야 한다. 이상적으로 말하자면, 제목은 이야기를 극히 간결하게 요약하는 것 말고도 일종의 식욕촉진제 구실을 하여 이야기 자체를 시식하도록 독자를 졸라 대야 한다. 제목에 더하여, 제사(題詞: 책이나 장의 앞머리에 관련된 일을 노래나 시로 적어 놓는 글) 혹은 서언적 인용문이 독자들로 하여금 이야기의 요점을 파악할 수 있도록 돕는 데 극히 효과적이다. 특히 하느님 이야기의 경우, 나는 항상 제사를 이야기의 실마리로 삼는다. 아주 흔히 이야기란 모종의 우화이며, 하느님 이야기로 이해되기 위해서는 직설적인 언어로 '해독(解讀)'되어야 하기 때문이다. 그것이 제사의 역할이다.

나는 영어를 모국어로 하는 사람이 아니므로 문체나 형식 같은 것과 관련하여 예비 작가들에게 조언할 것은 별로 없다. 이들 영역에서의 나의 부족함을 너무나 잘 알고 있기 때문이다. 그러므로 나는, 끝으로 몇 가지 아주 일반적인 원칙들을 제시하고 싶다.

첫째, 이야기 작가는 신중한 자세로, 형용사와 부사의 남용을 피해야 한다. 이것들은 정적(靜的)인 낱말들이므로 가능하면 동일한 사상(思想)을 담고 있는 동사나 행위로 대체되어야 한다.

둘째, 표현의 다양성을 보장하려면 젊은 작가는 좋은 동의어 사전을 이용하는 데 주저하지 말아야 한다. 현대적인 어휘 사전은 말할 것도 없지만 말이다.

마지막으로 작가는 자신의 문체, 문법, 명징성(明澄性) 등에 대한 무자비한 비평가여야 한다. 초고는 우리의 평가에서 언어 사용이 완벽하다는 평을 받았을 때에만 완성된 작품인 것이다. 이는 초고가 보다 유능한 작가에 의해 크게 개선될 수 없다는 것을 의미하지는 않는다. 하지만, 문학적 탁월성을 추구하는 데 있어서 최소한 우리는 최선을 다했다는, 우리가 정말로 우리 능력의 한계에까지 갔다는 확신에 도달할 수 있어야 한다. 우리 독자들도 그만한 권리는 있는 것이다.

앞에 제시된 고려 사항들이 전혀 쓸모없는 것은 아니기를 바란다. 그것들이 예비 작가들이 자기 특유의 하느님 이야기들을 개척하여, 새롭고 색다른 수확을 거둘 수 있도록 분발시키는 데 조금이라도 도움이 된다면, 진정으로 대단히 만족스럽겠다.

닐 기유메트 S.J.

차 례

머리말 · 5
1 — 코브라의 계곡 · 13
2 — 뭔가 남다르게 되기 · 27
3 — 일괄 거래 · 37
4 — 자신을 자유롭게 하기 · 47
5 — 한밤의 도둑처럼 · 55
6 — 그림 속의 세상 · 65
7 — 열려 있는 집 · 73
8 — 영혼을 만들어 가는 골짜기 · 83
9 — 신비의 순간 · 97
10 — 두 개의 일기 · 105
11 — 얼굴 없는 남자 · 115
12 — 정답 · 127
13 — 거울 · 137
14 — 에움길 · 147
15 — 어린 양의 외침 · 155
16 — 슬픈 노래는 이제 그만 · 165
17 — 귀중한 아픔 · 175
18 — 올리브의 녹색 혁명 · 183
19 — 세 개의 그릇 · 193
20 — 재 회 · 205
21 — 부자와 거지 · 217
22 — 마니피캇 · 225
23 — 우리는 하느님을 믿습니다 · 231
24 — 세 개의 나 · 243
25 — 장(將)이야 · 251

1
코브라의 계곡

"우리는 이웃을 사랑함으로써 우리와 모든 우리 동료들을
창조하신 하느님의 사랑을 본받습니다.
세계의 질서를 사랑함으로써 우리는
우리는 우리를 포함하는 세계를 창조하신
하느님의 사랑을 본받습니다."

시몬 베이유, 「하느님을 섬기며」

코브라의 계곡

　다르나 수도원을 통틀어서 앱던 청년보다 더 함께 살기 어려운 사람은 없었다. 실제로, 다르나 공동체를 구성하는 60명이 넘는 수사들 중 앱던이 한 번도 다투어 보지 않은 수사는 네 사람뿐이었다. 게다가 상황은 악화되어 이 네 사람 외에는 그와 함께 들일을 하거나 근처 마을에 심부름을 가는데 동행하려는 수사가 한 명도 없는 지경에 이르렀다. 그래서 평범한 방법으로는 그의 성격을 고쳐 놓을 수 없다는 걸 절감한 수도원장이 하루는 그를 불러 간절히 말했다.
　"앱던, 네 분 형제님만이 당신과 사이가 괜찮다는 걸 당신도 알고 있지요, 그렇지요?"
　그러고는 이 네 수사를 거명했다.
　"사실입니다, 원장님. 하지만 나머지 분들은 너무…."
　수도원장이 말을 가로챘다.
　"괜찮아요, 형제님. 내 이야기는 이런 것입니다. 그 네 분 모두 수도원에 들어온 첫해에는 꼭 당신 같았어요. 성격들이 아주…. 음…. 특별해서 형제 수사님들과 잘 어울리질 못했어요."

"그래요? 몰랐는데요. 그건 틀림없이 제가 수도원에 들어오기 전이었을 것입니다."

아직 20대 후반의 청년이었으므로 앱던은 동료 수사들의 먼 과거에 대해서는 그리 잘 알지 못했다.

수도원장이 말을 이었다.

"그건 그렇고, 무엇이 그분들을 지금처럼 훌륭한 공동체 회원으로 변화시켰는지 궁금하지 않아요?"

"궁금하고말고요, 원장님. 어떻게 해서 그리 되었습니까?"

"일년 동안 함께 살아 보라고 내 옛 친구에게 보냈지요. 사바스라는 은수자가 있어요. 다시 돌아왔을 때 그분들은 완전히 딴 사람이 되어 있었어요."

이 모두가 앱던에게는 신선한 충격이었다. 수도원장의 이야기도 그렇거니와 자기가 사바스의 전(前) 제자인 네 수사하고만 사이좋게 지낼 수 있다는 우연의 일치가 그의 흥미를 돋우였다. 분명히 그 사바스라는 분은 자기와 같은 곤란한 성격들에 기적을 일으킬 수 있었던 게다. 그는 공동체 생활에서 현재 벌어지고 있는 문제들에 대해서 자기에게 책임이 있다고 생각하지 않았다. 반대로 자신이 수도원을 선택하는 데 운이 나빴을 뿐이며, 다른 수사들과라면 훨씬 더 잘 지내리라고 진심으로 확신하고 있었다. 불행히도 이 유별난 공동체에 들어온 그런 부류의 사람들과는 천사만이 평온하게 지낼 수 있을 것이었다. 아니, 천사와 오직 원장이 골라 낸 예외적인 네 사람만이….

이런 생각을 하다가 현안과 사바스에게로 되돌아 왔다. 앱던은 바보가 아니었으므로 이제, 원장이 자기를 집무실로 부른

목적을 헤아려 보기 시작했다.

억지 웃음과 함께 청년 수사가 말했다.

"제 생각에는요, 원장님. 원장님께선 저를 다른 형제들처럼 한 일년 사바스님께 보내실 작정이신 것 같은데요?"

물론 그것이 바로 수도원장이 마음 속에 품고 있던 계획이었다. 그리하여 며칠 후, 앱던은 자기의 방문 목적을 설명하고 있는 수도원장의 편지를 가지고 사바스를 찾아 나섰다.

한 달쯤 여행한 끝에, 그는 인적이 뜸한 지역에 발을 들여놓게 되었다. 삭막하고 외떨어져 있어서 사바스 같은 은수자에게는 더할 나위 없는 좋은 곳이었다. 하느님과 자연과 더불어 고독 속에 살기로 작정한 사람들에게는 말이다. 결국 앱던은 그 성자가 사는 오두막을 찾아 냈다. 은수자는 무척이나 다정하게 그를 맞아 주었다. 수도원장의 소개장을 읽고, 그는 곧 앱던의 문제가 무엇인지 알아챘다.

그는 몸에 밴 친절을 보이며 앱던에게 말했다.

"좋네. 우리는 내일 새벽녘에 떠날 걸세."

앱던은 어리둥절했다. 자기의 여행은 끝났다고 생각하고는 벌써부터 사바스와 한 오두막에서 살 것인가, 아니면 근처에 자기 오두막을 따로 지을 것인가 따져 보고 있었던 것이다. 하지만 그의 새 스승은 어디론가 짧은 순례 여행이라도 떠날 생각만 하고 있었던 것이다.

"어딜 가시게요, 사부님? 오래 걸립니까?"

사바스는 앱던의 성마른 질문에 미소를 지었다.

'원장이 잘 봤어. 이 젊은 친구는 자기 수양이 심히 결여되어 있구먼.'

동쪽을 가리키며 스승 사바스가 말했다.

"저쪽일세, 코브라 계곡이야. 한동안 우리는 거기서 살 걸세."

당연히 앱던은 그 지명에 놀랐다. 그는 자신이 장차 살 곳에 대해 더 많이, 훨씬 더 많이 알고 싶었다. 그러나 은수자는, 앱던이 자기를 기다리고 있는 것이 무엇인지 알게 되면 아연해서 받아야 할 훈련도 받지 않고 수도원으로 되돌아가 버리지 않을까 염려스러웠다. 그는 다만 이렇게만 말했다.

"곧 알게 되네. 때가 되면 모든 걸 말일세."

다음 날 아침 두 사람은 코브라 계곡으로 출발했다. 그들은 당일 저녁에 거기 도착했다. 사바스의 은둔처보다 훨씬 더 황량한 곳이었다. 하지만 코브라는 보이지 않았다.

앱던은 의아하게 생각했다. 그는 커다란 작대기로 무장하고서, 자기 앞길을 가로지를지도 모를 어떤 파충류라도 물리칠 태세를 갖추고 있었다.

"코브라들은 어디 있습니까?"

몸에 밴 충동적 성깔을 드러내며 그가 물었다.

"사방에 널렸어."

사바스가 침착하게 응수했다.

앱던은 두려움으로 온몸이 뻣뻣해졌다.

"뭐라고요? 바로 이 순간에도 우리가 사악한 뱀들에게 둘러싸여 있다는 말씀이세요?"

"사악하진 않다네. 그것들도 하느님의 피조물이니까."

은수자가 온화하게 그의 말을 바로잡았다.

"하지만 그놈들은 위험해요. 독이 있다고요! 물리면 순식간에 죽을 수도 있잖아요!"

"그렇다네, 앱던. 하지만 우리가 그놈들을 공격했을 때만 위험해지지. 그리고 그놈들은 자기 방어수단으로만 문다네. 걱정 말게. 전에 종종 여기 와서 살았지만 한 번도 해를 당하진 않았어. 어쨌든, 혹시 자네가 사고로 한 놈에게 물린다 해도 내가 치료법을 알고 있으니 고쳐 줄 것이야. 하지만 내 말대로만 하면 그런 일은 쉽사리 일어나지 않아. 사실, 코브라에 대해 몇 가지 기본적인 것만 배워도 자넨 여기 머문 보람이 큰 셈일 것이야. 그때 자네는 수도원으로 돌아갈 수 있는 자격을 갖추게 되는 걸세."
앱던은 아무래도 자기 귀를 믿을 수가 없었다.
"사부님은 코브라들과 함께 사는 것으로 제게 공동체 생활에 적응하는 방법을 가르치실 셈이십니까?"
믿을 수 없다는 듯이 그가 이렇게 묻자, 은수자는 온화한 목소리로 말했다.
"그래, 그렇다네. 그게 바로 자네가 여기에 온 모든 목적이 아니던가? 우린 네 단계로 수행해 나가게 된다네."
그는 앱던이 당황해하는 것을 모르는 체 말을 계속했다.
"첫째 단계는 바로 오늘 밤부터 시작할 것이네. 그리고 이 첫째 단계 동안 자넨 코브라를 통해 가장 기초적인 수행을 하게 되네. 이 단계를 '관용'이라고 해두세."
"관용이요?"
회의 속에서 앱던이 되물었다.
"그래, 관용. 다시 말하면, 나도 살고 그놈들도 살리지. 자네 일에나 신경쓰고 코브라는 내버려 두는 거야. 길에서 코브라를 보더라도 작대기를 들고 쫓아가지 말게. 쉽게 말해서, 결코 그놈에게 작대기를 사용하지 말라는 말이야. 뱀이 그냥 지나가게 놔두게. 더 좋은 것은 빙 돌아가서 그놈을 피해 조용히 자네 길을 가는 거야. 그놈을 살게 해주면 그놈도 자넬 살도록 해주지. 이것이 첫번째 단계의 수행이네."

은수자의 말은 인상적이었다. 노인은 자기가 말하고 있는 것에 대해 잘 알고 있는 듯했다. 그는 이미 여러 번을 코브라들과 지냈으면서도 살아 남지 않았는가? 게다가 그가 말하고 있는 것은 상당히 일리가 있었다. 그도 그럴 것이 수도원에 남아 있는 수사들 중 몇 분이라도 자신에게 그런 관용을 베풀어 주었더라면 상황은 훨씬 나았을 것이다.

여기까지는 앱던은 사바스의 충고를 기꺼이 잘 받아들이고 있었다. 최소한 2, 3일 동안은 그럴 것이었다. 하지만 그 다음 단계가 궁금해 그는 물었다.

"다른 수행들은 무엇입니까?"

은수자는 젊은 동반자의 어쩔 수 없는 성마름에 미소지었다. "세 가지가 더 있지. 하지만 나중에 알게 될 걸세. 자네의 향상 여부에 달렸어. 당분간 밤엔 여기서 지내기로 하지."

그들은 사바스가 이전에 이 지역에서 지낼 때면 이용했던 오두막 근처에 자리를 잡은 다음, 이 첫번째 단계를 수행했다. 거기서 그들은 코브라 계곡에서 첫밤을 보냈다.

당연히 앱던은 그날 밤 한잠도 자지 못했다. 오두막 주변 덤불 사이로 기어다니는 파충류들의 쉭쉭거리는 소리에 기가 질렸던 것이다. 하지만 그 한 놈도 새로 온 사람들에게 관심이 있는 것 같지는 않았다. 놈들은 개구리나 설치류(쥐, 토끼 등의 동물 : 역주) 같은 작은 먹이들을 사냥할 참이었다. 사실 놈들은 인간을 두려워해서 가능하면 멀리했다.

앱던은 이 맨 마지막의 사실을 첫번째 관용수행에 들어가고 나서 며칠 사이에 뚜렷이 확인할 수 있었다. 결국 은수자가 옳

앉던 것이다. 때때로 눈에 띄는 코브라들이 저희 갈 길을 벗어나서 그를 공격하는 법은 없었다. 안전한 거리를 유지한 채 큰 작대기로 덤불을 쳐서 자신이 지나가고 있다는 것을 알리기만 하면 아무 일 없이 지나갈 수 있었다. 그리하여 몇 주가 지나 새로운 환경에 익숙해지고부터는, 코브라들과 평화롭게 공존할 수 있다는 생각을 아무렇지도 않게 받아들이기 시작했다.

　석 달이 지난 어느 날, 제자가 관용수행에서 향상을 보이는 것을 만족스러이 지켜 보던 사바스는, 그가 제2단계를 수행할 자격이 되었다고 결론지었다.

　어느 날 저녁, 사바스는 제자에게 말했다.

　"코브라에게 관용을 베푸는 법을 다 익혔구먼. 자넨 그만하면 됐어. 다음 단계를 수행할 자격을 갖췄네. 이제부턴 그놈들을 존경하는 법을 익혀야 하네."

　앱던은 어리둥절했다.

　"그놈들을 존경해요? 어떻게 짐승을 존경한단 말씀이십니까? 그것도 독을 갖고 있는 짐승을요."

　은수자가 설명을 해 주었다.

　"존경한다(respect)는 말은 문자 그대로 '다시(re) 본다(spect)', '한 번 더 본다.'는 뜻이 있네. 일종의 인내라고 할 수 있지. 뭔가를 존중한다는 것은 제아무리 시간이 많이 걸린다 해도 그것의 장점을 찾아 내는 것이야. 하느님께서 코브라에게 부여하신 장점을 알아볼 때 그놈들을 존중할 수 있을 걸세. 이것은 정의의 한 형태라네. 알겠는가? 그놈들에게 합당한 대우를 해주는 것이야."

　"하지만 코브라에게 어떤 장점이 있죠?"

　앱던이 이의를 달았다.

"그걸 잘 생각해 보란 말일세, 젊은이. 그러면 내 말뜻을 알게 될 게야."

청년은 스승의 가르침을 그대로 따랐다. 우선 그는 그들 두 사람 다 생쥐나 쥐 때문에 성가신 적이 없었다는 사실을 깨달았다. 그건 그 파충류들이 그것들을 잡아먹고 살기 때문이었다. 실제로 그는 어린 시절을 더듬어, 어떤 농부들이 쥐가 곡식을 먹어 치우는 걸 막기 위해 창고에다 뱀을 키웠다는 사실을 기억해 냈다.

코브라 껍질이 허리띠나 구두, 심지어는 장갑을 만드는 데까지 이용된다는 것도 기억해 냈다. 거기에다가 코브라들은 때로 서커스나 사육제에 오락거리로도 등장했었다. 어떤 용감한 스포츠맨들은 그것들을 길들여서 애완용으로 기르기까지 한다는 말을 들은 적도 있었다. 그가 은수자에게 이런 기억들을 말했을 때 은수자는 미소로 동감을 표했다. 코브라에 대한 제자의 태도에서 미약하나마 향상되고 있음을 느낀 때문이었다.

"연회에서는 그것들을 특선 요리로 내놓기도 한다네. 그런 요리를 좋아하는 사람들에게 말이네만. 하지만 더 긴요하게는 코브라의 내장은 때때로 과잉 출혈 억제제나 난치성 통증의 경감제로 쓰이기도 한다네."

어느 날, 은수자가 덧붙여 말했다.

"정말입니까?"

앱던은 진정으로 놀라서 물었다. 그는 이런 사실들을 곰곰이 생각해 본 끝에, 마지못한 것이나마 코브라에 대한 경의를 느끼기 시작했다. 사바스에게 그것은 한 걸음 더 나아가 앱던에게 제3단계의 수행을 지도할 때임을 알리는 징표였다. 하루는 그가 앱던에게 말했다.

"코브라 존경하는 법을 다 익혔구먼. 자네의 향상을 축하하네. 이젠 다음 단계를 수행할 자격이 되었어. 다음 단계는 코브라 찬양하기라네."

이 세 번째 단계는 앱던이 예상했던 것보다는 덜 어려웠다. 은수자의 노련한 지도 덕택이었다. 사실 젊은 수사는 이제는 코브라의 본질적 가치를 이해했으므로 서두르지 않고 코브라에 대해 묵상하고 싶은 마음이 더 생겼다. 여기서 사바스가 그 파충류들과 친밀한 덕택에, 그리고 그들의 은신처로부터 그것들을 불러 낼 수 있는 그의 신비스러운 능력 덕택에 앱던의 과업은 무척이나 용이해졌다. 그는 스승과 함께, 코브라들이 가장 즐겨 지나다니는 길목에서 그것들을 찾아 내어 한꺼번에 오랜 시간 동안 연구하기 시작했다.

물론 처음에는 무의식적인 두려움 때문에 그것들의 아름다움을 보지 못했다. 하지만 차츰, 복잡미묘한 그것들의 움직임과, 머리를 쳐들 때나 어떤 내적 리듬에 맞춰 돋을 흔들 때의 늘씬하게 빠진 우아한 몸매, 현란한 색채, 그리고 균형 잡힌 목선에 대해 제대로 평가하게 되었다. 그리하여 어느 날, 그가 먼저 연로한 은수자에게 말했다.

"코브라 보러 가십시다, 사부님."

앱던은 안달이 나서 보채기까지 하게 되었다. 그것이야말로 사바스가 기다리던 신호였다. 그는 자기 제자가 수련의 마지막 단계인 네 번째 단계를 수행할 준비를 갖추었음을 알고 그가 설명했다.

"이 마지막 단계는 말일세, 가장 어려운 단계지만 보상 또한 가장 크다네. 코브라를 관대히 대할 수 있을 뿐 아니라 그것들을 존경하고 찬양할 수도 있으니, 이저 잘만 하면 그것들을 즐기는 법을 익힐 수 있을 걸세."
"사부님 말씀은…."
스승은 아이처럼 웃으며 말허리를 잘랐다.
"그래, 그것들을 길들여서 함께 놀며, 하느님의 사랑스런 피조물로 즐기라는 뜻이네."

이번에는, 앱던은 자기 스승이 정말로 불가능한 일을 요구하고 있다고 생각했다. 그럼에도 불구하고, 그 은수자가 지금까지는 완전히 믿을 만한 분이었다는 걸 경험으로 알게 되었으므로 스승을 다시 한 번 믿어 보기로 작정했다. 그리하여 그는 각오를 단단히 하고서, 스승의 가르침을 좇아 코브라를 길들이겠노라 약속했다. 그 파충류들은 그들이 나타나는 데 익숙해져 있었으므로, 다가가서 그들이 좋아하는 개구리 다리나 죽은 벌레 따위로 꼬드기기가 쉬웠다. 그래 결국은 천천히 다가가 그것들의 목을 쓰다듬어 줄 수 있게 되었다. 그것들은 이런 식으로 쓰다듬어 주는 걸 특히 좋아하는 것 같았다.

물론, 수 주가 지났는데도 앱던은 첫번째 코브라도 길들이지 못하고 있었다. 사바스가 지도와 격려를 하면서 변함 없이 곁에 있어 주었는데도 말이다. 그러나 젊은 수사는 기어코 해냈다. 그리하여 어느 날, 가장 좋아하는 코브라를 장난스레 목과 어깨에 휘감고 다니는 스릴을 맛보고야 말았다.

그는 너무도 기쁜 나머지 껄껄 웃음을 터뜨렸다. 그는 은수자에게 외쳤다.

"보세요, 사부님! 이 형제가 놀이짝을 찾았습니다!"

그날 사바스는 앱던의 수련기간이 끝났음을 알았다. 하지만 청년이 코브라들과의 친교를 이젠 진정으로 즐거워하고 있었으므로, 그는 아무 말도 하지 않고 며칠을 더 기다려 주기로 했다. 게다가 함께 보냈던 그 동안 젊은이가 이렇게 해서 인내심 있고 온유한 사람으로 변해 가는 것을 만족스럽게 지켜 보면서, 제자에 대해 부성애마저 느끼고 있던 터였다. 그렇지 않을 사람이 어디 있겠는가? 누구라도 코브라에게 신경질을 부리진 못할 테니까.

일주일 후 사바스는 젊은 동반자에게 수도원에 복귀할 때가 되었다고 말했다. 그가 걱정스러운 듯이 물었다.

"하지만, 사부님. 사부님께선 정말로 제가 이젠 형제들과 조용히 지낼 수 있을 거라고 생각하시는지요?"

은수자는 웃었다. 이전의, 고집불통으로 교만했던 젊은이가 어떻게 변했는지 한번 더 확인하고는 기뻤던 것이다. 그는 온화하게 말했다.

"여보게, 코브라들과 함께 살 수 있다면 사람들과도 함께 살 수 있다네. 여기서 익힌 네 가지 수행을 형제들 각자에게 실천하기만 하면 되는 거네. 먼저 관용을 베풀고, 다음에는 존중하고 찬양하며, 마지막으로 즐기라는 말이네. 하느님께서 그들 각자에게 부여하신 장점을 찾게나. 어떤 경우 그 형제 내부에 있는 장점이 실제가 아니고 가능성인 경우에도 오직 참아야 하네. 그에게서 그 장점을 끌어 내어 그 자신이 확인하도록 해주게. 그것이 바로 하느님께서 무한한 인내로 우리들 하나하나에게 하신 일이야. 영원히 그런 인내에 저항할 수 있는 사람은 아무도 없어."

그리하여 앱던은 스승의 가르침을 한 마디도 어긋남없이 그대로 따랐다. 그는 수도원에 복귀하여 관용을 베풀고 형제들을 존중했으며 찬양했다. 그리고 고령으로 죽음을 맞았을 때엔 고덕한 수사였을 뿐 아니라 무척 행복한 사람이었다.

2
뭔가 남다르게 되기

"너희는 나를 '스승' 또는 '주'라고 부른다.
그것은 사실이니 그렇게 부르는 것이 옳다.
내가 너희에게 한 일을
너희도 그대로 하라고 본을 보여 준 것이다."

요한 13,13.15

"나는 그대의 거짓없는 믿음을 생각하고 있습니다.
그 믿음은 먼저 그대의 할머니 로이스와
또 어머니 유니게에게 있었던 것입니다."

2디모 1,5

"하느님의 말씀을 여러분에게 일러 준 지도자들을 기억하십시오.
그들이 어떻게 살다가 죽었는지를 살펴보고
그들의 믿음을 본받으십시오."

히브 13,7

뭔가 남다르게 되기

　태어날 때부터 레오는 아주 특별했다. 신체상으로 비정상이거나 무슨 결함 같은 것이 있어서가 아니었다. 그 반대로 나무랄 데 없이 건강한 어린 사자였다. 쌍둥이 형인 레오폴드나 부모인 레온타인과 레오니다스와 비교해 손색이 없을 만큼 모든 점에서 정상이었던 것이다. 하지만 무슨 일이든 혼자 힘으로 하는 걸 좋아했다.
　예를 들자면 자주 무리에서 떨어져 혼자 떠돌아다니며 아프리카의 사바나(열대의 비가 적은 지대의 대초원:역주)를 탐험하곤 했던 것이다. 그럴 때면 매번 자연 속 어디에고 펼쳐지는 형형색색의 기막힌 조화에 경의를 금치 못했다. 그런 성격이 워낙 두드러졌기 때문에 그는 자신의 사자됨을—혹은 사자성(性)이나 사자다움이라 해도 좋다. 어쨌든 자기 존재의 본질을 의미하는 말이면 된다—인식하게 되자 곧, 자기는 진정한 사자가 되어야겠다고, 하지만 뭔가 남다른 사자가 되어야겠다고 결심했다.
　물론 한 가지 분명한 것은, 무엇을 자기만의 남다른 점으로 삼아야 할지는 모르고 있었다는 사실이다. 하지만 그에게 그건 중요하지 않았다. 두드러지고 남다르며 독특하고, 특별한 사자가 되었을 때, 사람들이 자기를 보고 곧바로 다음과 같이 소리쳐 주기만 하면 된다.
"저기 좀 봐, 사자 레오야!"
그렇게만 한다면 그는 자신을 진정 훌륭한 사자로 믿을 것이기 때문이다.
따라서 그는 부모가 형과 자기에게 훈육하려 애쓰고 있는 것 같은, 진정한 사자가 되려면 거쳐야 하는 길고도 지루한 수습 생활 따위는 관심 밖이었다.
그는 생각했다.
'아니야, 나는 다만 본능을 따를 거야. 고리타분한 관습에 의존하지 않고 본능에 따르면 실패할 리 없겠지. 내 본능은 진정한 사자가 되는 길을 한 치의 오차도 없이 가르쳐 줄 거라고. 그러니 그걸 배우러 학교에 다닐 필요도 없어. 나는 다만 독창성을 조금 가미하기만 하면 되는 거야. 그건 그럭저럭 해나가다 보면 의심의 여지없이 얻을 수 있는 거고. 그러면 어느 날엔가는 진정한 사자가 되어 있을 거야. 뭔가 남다른 사자이긴 하겠지만.'
이것이 그의 계획이었다. 그리하여 그는 목적을 이루기 위해 기회가 오자 즉시 집에서 뛰쳐나갔다. 그때 유랑하는 코끼리 떼를 만났다. 코끼리들을 본 것은 이것이 처음이었으므로 그는 그들의 묵직한 걸음걸이에 깊은 인상을 받았다. 그래서 바로 그 자리에서 그 걸음걸이를 본받기로 작정해 버렸다.
그는 흥이 나서 생각했다.
'그래 맞아! 저런 걸음걸이라면 나는 내가 원하는 꼭 그대로

될 거야. 뭔가 남다른 사자가 될 거라고.'
 그러나 얼마 후, 레오는 허기가 져 코끼리들 뒤에 처졌다. 그들은 풀만 먹을 뿐 고기는 입에 대지도 않았던 것이다. 그래서 레오는 흑표범 패거리들에 끼여들었다. 그들은 영양 한 마리에게 슬슬 다가들고 있었다. 그 포획물 덕분에 그들은 곧 진수성찬을 즐길 수 있었다. 흑표범들은 그를 자기들 패거리의 일원으로 받아들였으나 갓 나온 그의 갈기와 황갈색 털 빛깔을 좀 이상하게 생각했다.
 한편 레오는 그들의 윤기나는 검은 코트가 샘이 났다. 햇빛에 어찌나 반짝거리던지! 실제로, 그는 그들의 몸 빛깔에 너무나 감탄한 나머지 그때부터 검은 흙 속에서 매일 뒹굴어서 똑같은 흑단색 모피를 자랑할 수 있게 되었다. 그는 좋아서 펄쩍펄쩍 뛰며 생각했다.
 '그래 맞아! 저런 빛깔로 치장했으니까. 난 내가 원하던 그대로 된 거야. 뭔가 남다른 사자가 된 거라고.'
 다음엔 한 무리의 하마들과 친해졌는데, 그는 그들의 커다란 울음소리에 넋을 빼앗겼다. 그는 감탄해 마지않으면서 생각했다.
 '굉장한 소리다. 촌스런 포효일랑 집어치우고 훨씬 세련된 이 발성법을 익혀야겠어. 그럼 나는 분명 뭔가 남다른 사자가 될 거야.'
 그 다음엔 기린의 무리를 만났다. 그들은 목에 힘깨나 준 자세로 돌아다니며 거만하게 사방을 둘러보고 있었다. 이런 태도가 금방 레오의 마음을 끌었다. 그것이 기품 있고 무척이나 위엄 있는 뭔가를 연상케 했던 것이다. 그래서 자기도 목을 높이 치켜들고 팔자 걸음으로 걸었다. 그는 한껏 뻐기며 생각했다.

'이제야말로 뭔가 남다른 사자가 되었구나.'

그의 자만심을 산산이 부숴 버린 불행한 사건이 일어난 건 그 다음이었다. 하루는 사바나의 바오밥나무 숲을 한가로이 어슬렁거리던 중 원숭이 한 패거리가 머리 위 나뭇가지 위에서 뭐라고 쫑알대는 소릴 듣게 되었다. 그들은 그의 남다른 점들을 보고 놀란 게 분명했다.

고참 녀석이 물었다.

"저 괴상한 건 대체 뭐지? 뭔지 모르겠지만, 흑표범처럼 생긴 것이 코끼리처럼 걷고, 하마 울음소릴 내는 데다, 목은 기린처럼 세우고 있잖아."

한 녀석이 용감하게 나섰다.

"모르긴 해도 저건 멸종 지경이거나 전설상에 나오는 종(種)일 걸요. 유니콘(이마에 뿔이 하나 있는 말 모양을 한 인도의 전설상의 동물 : 역주)이나 히포그리프(그리스 신화에 나오는 말, 몸뚱이에 독수리의 머리와 날개를 가진 괴물 : 역주) 아니면 모아(지금은 멸종된, 뉴질랜드산(産)의 타조 비슷한 큰 새 : 역주) 같은 것 말이에요."

레오는 그 소리에 마음이 상해 원숭이들에게 고함쳤다.

"이봐! 나는 사자야. 뭔가 남다른 사자라고 하는 게 옳지만 말이야."

이 말을 들은 원숭이들은 킥킥거리기 시작했다. 그들은 사자에 대해서 익히 알고 있었다. 수백 마리는 보아 왔으니까. 행동거지나 외모가 저리 다른데 어떻게 저 기묘한 짐승이 사자일 수 있단 말인가? 제 말을 증명해 보이기 위해 레오는 사자 걸음을 걸어 보려 했지만 이젠 그렇게 할 수 없다는 걸 알게 되었다. 코끼리처럼 묵직하게 거동하는 습관은 이제 제2의 천성이었다. 아니 그 문제에 관한 한, 제1의 천성까지 되어 버린 것이다. 사자로서의 제 본성을 사실상 잊어버렸기 때문이다. 예전처럼 포효를 하려 하거나 머리를 사방으로 돌리려 할 때도 똑같은 일이 벌어졌다. 검은 진흙을 떨쳐 내려 땅에 뒹굴어도 보았지만 그는 여전히 사자보다는 반쯤 구워진 흑표범에 훨씬 더 가까웠다.

그래서 사태가 이렇게 예기치 않게 진전되자 면목을 잃은 그는 허둥지둥 달아나 큰 강 가까이 원숭이가 보이지 않는 곳으로 가서 숨었다. 하지만 두루미들과 따오기들이 그들 한가운데 이제 막 당도한 잡종에 대해 조롱 섞인 말들을 해대기 시작했다. 거기서도 똑같은 재앙이 되풀이되었다. 레오는 부끄러워 몸 둘 바를 몰라 다시 한 번 쫓겨 나왔다.

'나의 유별난 사자다움이 뭐가 잘못됐나?'

그는 낙담하여 생각에 잠겼다. 그때 지나가던 코뿔소 한 쌍이 '정체성(正體性)의 위기를 겪는 사람들'에 대해 심한 험담을 늘어놓았다. 그렇지만 그것은 레오가 이해하기에는 너무나 어려웠다. 그래서 그는 곧 바로 그 전 동물 왕국의 최고 원로에게 가서 모든 자문을 구하기로 작정했다. 그는 높은 산 속의 한 오두막에 살고 있는 사람으로, 수도승 도시테우스라고들 불렀다.

도시테우스는 지극히 경건한 사람이었다. 그의 경건함은 정말로 숭엄한 것이었으며, 그의 영혼은 모든 악과 폭력으로부터 온전히 정화되어 있어서, 그는 동물들과도 말을 할 수 있는 특은을 입었다. 아시시의 성프란치스코 시대 이래 처음 있는 일이었다.

레오는 곧 원로 수도승을 찾아뵙고 비통한 심정으로 울면서 자기에게 일어난 일을 설명했다.
그가 말했다.
"저는 그냥 뭔가 남다른 사자가 되고 싶었을 뿐이었어요. 하지만 지금 모두들 나를 비웃고 있습니다. 뭐가 잘못된 것입니까, 어르신?"
도시테우스는 그를 바라보고 있는 낙심한 얼굴을 대하자 마음이 아팠다. 그는 너그러운 목소리로 대답했다.
"사랑스런 레오야, 네가 너의 사자성(性)을 너무도 당연한 것으로 생각한 것 같구나. 그건 실수였어, 알겠느냐 애야? 남다른 사자가 되기 전에 먼저 사자가 되어야만 해. 그런 뒤에라야 네가 남다른 너만의 어떤 것을 발전시킬 수 있단다."
그날은 특별히 일을 좀 하고 싶은 기분이었으므로 수도승은 그 생각을 좀더 진척시켜 보기로 마음먹었다.
"네 이야길 들으니 오늘날의 인간들의 소행에 대해서 많은 걸 생각하게 되는구나. 그들은 옳고 그름에 대해 보편적 원리를 알 수 있는 이성을 가지고 있지. 바로 그렇기 때문에 그들은 다른 사람의 가르침을 받을 필요가 없다고 생각한단다. 그들은 이렇게들 말하지. '민주적이 되자고. 어떻게 행동해야 하는지는 우리 스스로 알아내자는 말이야.' 그래서 자기들 힘으로 헤쳐 나가지. 어떤 상황에서도 무엇을 해야 할지를 알 수 있다고 확신하면서 말이야."
"그럼, 그렇지 못한가요?"
레오가 말허리를 잘랐다. 그러자 도시테우스가 슬픈 목소리로 대답했다.
"어떻게 그게 가능하겠느냐? 모두들 개인적인 방식으로 자기네 이성에 의존하니까 그들 사이에 옳고 그름의 원리에 대해

의견일치를 보지 못하는데 말이야."
"스스로의 생각만으로는, 인간은 선한 인간이 될 수 없다는 말씀이신가요?"
"바로 그렇지. 도덕적 삶이란 모범을 따라 사는 삶이야. 인간은 의로운 다른 사람을 본받아야 의롭게 되는 거야. 다른 말로 하면 견습생활이 필요하다는 말이지. 어떤 사람들은 그걸 제자생활이라고도 하지. 그건 참으로 훈련의 문제란다. 그러니 도덕적으로, 혹은 거룩하게 되고자 하는 지각 있는 사람이라면 이런 일에 능숙한 다른 사람을 찾을 것이다. 내 경우를 예로 들자면, 내가 그리스도인이 되는 데 가장 큰 도움을 주신 분은 우리 할머니셨어."
"정말이에요?"
레오가 놀라 물었다.
"아무렴. 그분의 모범은 아직도 내 가슴 속에 살아 있어. 그분을 다 안다고는 할 수 없겠지만 말이야. 그것은 모든 그리스도인에게 다 똑같은 거야. 그들은 보고 또 본받아서 따라 함으로써 선해진단다. 물론 누구보다도 예수 그리스도를 본받고 다음으로 성인들과 우리 중에 훌륭한 그리스도인들을 본받는 거지. 우리는 그것을 전승 물려받기라고 부른단다."
"알겠습니다."
레오는 도시테우스가 말한 것을 곰곰이 되새기며 잠시 아무 말이 없었다. 그가 마침내 결론을 내렸다.
"제 생각에는요, 지금 제가 해야 할 가장 좋은 일은, 집에 돌아가서 한동안 다른 사자들하고 어울려 지내는 것이에요."
수도승은 미소로써 찬성을 표하며 온화하게 말했다.
"하지만 더 잘못될 수도 있단다. 명심하거라. 그런 사자들은 신중하게 골라야 돼. 비슷하다고 해서 큰 고양이나 본을 삼아서는 사자가 될 수 없는 거야. 진정 사자다운 스승을 찾아 그들을 본받아라. 그러면 언젠가 진정한 사자가 됨은 물론이고, 뭔가 남다른 사자가 될 수 있다. 자기만의 남다름이란 뭔가에 충실하려 노력했을 때라야 자연스럽게 생겨나는 법이니까."

이 말이 레오의 삶을 바꾸어 놓았다. 그는 고향의 사자 무리로 돌아가서 사자의 전통과 사자로서의 세계관, 사자의 전설, 사자의 행동방식을 익혔다. 그는 여느 사자들과 다른 무엇이 되려고 애쓰지 않았다.

실제로 그는 너무도 잘 해나가서 자기도 모르는 새에 그야말로 사자의 화신이 되었다. 그렇게 되자 다른 사자들은 그가 지날 때면 언제나 그의 제왕다운 자태를 알아보았다. 그리하여 그는 애써 추구하지 않고도 뭔가 남다른 사자가 되었다.

3
일괄 거래

"한 지체가 고통을 당하면
다른 모든 지체도 함께 아파하지 않겠습니까?
또 한 지체가 영광스럽게 되면
다른 모든 지체도 함께 기뻐하지 않겠습니까?"

1고린 12, 26

"우리는 서로 한 몸의 지체들입니다."

에페 4, 25

일괄 거래

　용접공인 핍 싱글턴은 엄격한 원칙주의자였다. 이는 그가 항상 온갖 형태의 악뿐 아니라 크고 작은 악행을 저지르는 모든 사람들과도 담을 쌓았음을 의미한다. 예를 들면, 고등학교 동창 몇 명이 금융 비리에 휘말리자, 그는 넌더리를 내며 동창회를 탈퇴해 버렸던 것이다. 그는 결심했다.
　"그 패거리하고는 더 이상 아무와도 만나지 않겠어. 그 작자들이 창피스러워."
　얼마 후엔 많은 정치인이 자기가 공약한 대로 항상 실천하는 것은 아니라는 걸 깨닫고는 그는 정당을 그만두고 정치에 대해서는 하등 관심도 두지 않았다. 그리고 그는 탄식했다.
　"정직하지 못한 자들이 너무 많아. 그런 작자들하고 휩쓸리고 싶진 않다고."
　다음 해엔 그의 본당 신부가 교구청과 힘겨루기에 빠져 든 것을 알고는 항의의 표시로 본당을 떠났다. 그리고 그는 생각했다.
　'저 따위 성직자들이 너무나 많아. 어떤 것이든 조직화된 종

교와는 관계를 끊겠어.'
 같은 해, 그의 두 형제가 이혼했을 때는 그는 자기 일가 친척들과도 모든 관계를 단절했다. 그는 다짐했다.
 '가족의 가치를 실추시키는 사람과는 더 이상 왕래하지 않겠어.'
 나중에, 자기 나라 정부가 제3세계 어느 나라의 억압적 정권에 무기를 팔아 먹은 사실이 알려지자 그는 자기 시민권을 포기하고 다른 나라로 이민을 가 버렸다.
 마지막에는, 세계 도처에 폭력과 성(性) 개방 풍조가 만연하자, 그는 인간들과의 모든 유대를 끊어 버리기로 작정했다. 그리고 그는 불평했다.
 "이놈의 사악한 인간들은 더 이상 참을 수가 없어. 이 허섭스레기들에게서 벗어나야겠다."
 그리하여 어느 날, 용접공 핍 싱글턴은 작은 모터 보트에 짐을 싣고 외딴 섬으로 떠났다.
 도중에 그는 반대편으로, 즉 본토 쪽으로 한가로이 보트를 저어 가고 있는 한 사공을 만났다. 두 사람 다 육지에서 멀리 떨어진 바다에서 조금은 외로움을 느끼고 있었으므로 보트를 멈추고 잠시 말을 나누었다. 그 사공은, 핍이 고도(孤島)로 가고 있는 이유를 알고 사려 깊은 표정으로 다만 고개를 끄덕일 뿐 논평을 삼갔다. 하지만 그는 이 독선적인 용접공과 헤어지기 전에 우화 한 토막을 들려 주었다.
 "당신 말씀을 들으니 내 친구 녀석이 생각나누만요. 하루는 이웃집 닭을 훔쳤는데, 자기 혐오에 빠진 친구는 손을 잘랐습니다. 자기 손이 훔쳤기 때문이라는거죠. 또 얼마 후에는, 울화가 치밀어 자기 애를 발로 찼더랬어요. 그러고는 마찬가지로 자기 발을 처벌한답시고 절단해 버렸어요. 나중에는 자기 혀를 잘라 냈는데, 좋지 못한 험담이나 퍼뜨려 죄를 범한다는 게 이유였다고요. 마지막엔 어떤 자리에서 교만한 생각을 품었는데, 그는 자기 머리를 수치스럽게 생각한 나머지 그것마저 잘라 버렸지 뭡니까."

그 밖에는 아무 말도 덧붙이지 않은 채, 사공은 작별 인사를 하고는 항해를 다시 시작했다.

수 시간 뒤에 핍은 두 번째 사공을 만났다. 그도 역시 말을 하고 싶어했다. 핍이 사회를 떠나고자 작정한 걸 알고는 그는 웃기 시작했다.

"이봐요, 인류를 버린다는 것은 생각처럼 그렇게 쉽질 않아요."

그가 짓궂게 말했다.

"왜 그렇게 말씀하시죠?"

"만일 당신이 정말로 우리와 같은 인간들을 남겨 두고 떠날 양이면, 모터보트를 타고 가는 대신 수영을 해야 할 것이기 때문이오. 또 옷가지들을 가져가지 않고 벌거벗고 있어야 할 것이고, 말 한마디도 해선 안 되고 벙어리로 지내야 할 것이기 때문이오. 그것들은 모두 사회가 당신에게 준 것이니 말이오."

핍은 그 점을 전혀 생각지 못했던 것이다. 그는 침울한 기분으로 생각했다.

'그놈의 죄인들에게 아직도 그렇게 의지해야 하다니 얼마나 부끄러운 일이냐!'

사공이 말을 이었다.

"그리고 또 있어요. 이걸 생각해 보시오. 아담과 하와 이래의 당신 조상들 중에는 상당수의 상종 못할 인물들이 있었을 거요, 안 그래요? 그런데도 당신은 그들에게서 생명을 받아 누리고 있소. 자, 정말로 모든 악인에게서 당신을 떼어 놓고 싶으면, 당신 선조들에게서도 떨어져 나와 자살이라도 해야 하는 것 아니겠소?"

핍은 이 사공의 추론이 논리적으로 엄정하다는 걸 인정하지 않을 수 없었다. 하지만 그는 인류와의 단절을 그 정도로까지 진전시킬 각오는 되어 있지 않았으므로, 서둘러 그 여행자에게 충고에 대한 감사 인사를 하고 외딴 섬을 향해 모터보트를 빨리 몰았다.

그 후로 그가 만난 세 번째 사공은 말이 없고 우수에 잠긴 사람이었다. 핍이 자기 이야기를 들려 주자 그는 슬프게 미소 지었다.

"제 이야기도 댁과 똑같습니다."

그는 변명인 양 어깨를 으쓱하면서 덧붙였다.

"사실, 일 년 동안 어느 외딴 섬에서 나 혼자 유배생활을 하다가 지금 본토로 돌아가는 중이랍니다."

핍은 즉시 흥미가 동했다.

"그래요? 사람들과 살기 위해 다시 돌아가는 중이라고요? 왜죠?"

"글쎄요, 섬에서 생각을 좀 해보았어요. 거기서 기본적으로 내가 다른 사람들과 다르지 않다는 걸 깨달았어요. 가장 악한 인간들과도 말이죠. 그건 사실, 정도 문제일 뿐이에요. 나 자신을 정직하게 바라볼 때, 나 역시 태양 아래 어떤 죄도 지을 소지가 다분하다는 걸 인정할 수밖에 없었어요. 유혹이 충분히 강하고 충분히 오랫동안 지속된다면 말이죠. 내

이력을 돌아보건대, 수많은 사람들과 똑같은 압력이나 유혹을 받는다면 나 역시 훔치고, 속이고, 배반하고, 거짓말하며 부끄러운 짓을 수도 없이 저질렀을 것이 틀림없어요."
"지금, 유혹에는 대항할 수 없다고 말하는 거요?"
핍이 이의를 달았다. 사내는 잠시 생각에 잠겼다. 그가 자신 없게 대답했다.
"아니지요, 하지만 모든 인간은 때로 유혹에 굴복하지요. 내 스스로가 완전하지 못한데 누굴 비난할 수 있겠소이까?"
마치 허공 중에 떠 있는 것처럼 이 질문을 남기고는, 그는 노를 잡고 고갯짓으로 작별 인사를 한 다음 천천히 노를 저어 사라져 갔다.
자기 유배를 위해 택했던 외딴 섬에 당도한 날 밤, 그는 이상한 꿈을 꾸었다. 꿈 속에서 그는 경치를 바라보며 해변에 서 있었는데, 갑자기 그 섬의 새들이 죄다 자기네 둥지에서 날아 올라서는 너른 바다로 떠나는 것이었다.
"너희들 모두 어디로 가는 거냐?"
핍이 새들에게 묻자, 그들의 지도자가 대답했다.
"우린 당신 존재로부터 도망가고 있는 겁니다. 우린 항상 인간들에게 홀대를 당해 왔기 때문에 인간 족속과는 상종 않고 살고 있어요."
핍이 반박했다.
"하지만 나는 너희에게 해코지한 적이 없는데. 난 지금 막 여기 도착한 거라고!"
대답이 돌아왔다.
"그건 중요하지 않죠. 당신 자신도 다른 인간들을 참지 못하는데 우리라고 왜 참아야 하죠?"

똑같은 장면이 다른 동물들에게서도 되풀이되었다. 그들은 모두 바다에 뛰어들어 헤엄쳐 가버렸다. 물고기들도 더 깊은 바다로 떠났다. 그 다음에는 나무들과 모든 식물이 떠나기로 결정하고는 멀리 행진해 가서 바다 속으로 들어가 버렸다.

마침내는 핍이 딛고 선 땅 자체가 가라앉기 시작했다. 자기 등에 인간을 받쳐 주고 있기가 마음이 썩 내키지 않는 듯이 말이다.

핍이 땀에 흠씬 젖어 깨어난 것은 바로 그때였다.

다음 날 밤, 그는 꿈을 또 하나 꾸었다. 이 두 번째 꿈에서 그는 정원의 검은 흙 속에서 함께 일하는 두 개의 손을 보았다. 붙어 있어야 할 몸뚱이는 없고, 두 손만 보이는 것이었다. 잠시 후 손들은 오물로 범벅이 되었다. 그 때에 핍은 손들이 샘으로 다가가 거기에 뛰어들어가서는 다시 깨끗해질 때까지 서로 씻어 주는 것을 보았다. 꿈의 제2부가 오랫동안 계속되는 것 같았다. 이 부분이 전체적인 의미를 담고 있기라도 한 것처럼. 그리하여 핍은 깨어난 수 시간 후에도 상상 속에서 그 두 손이 무척이나 세심하고 자상하게 서로를 문지르고 있는 것을 볼 수 있을 지경이었다.

세 번째 날 밤의 꿈은 아주 달랐다. 배경은 게쎄마니였는데, 핍은 예수님 곁에 서 있었다. 당신께서 고뇌어린 기도를 마치고 돌아와 당신의 가장 가까운 세 친구가 잠들어 있는 걸 보신 바로 그 순간이었다.

핍이 예수께 물었다.

"주님, 저런 제자들에게 정나미가 떨어지지 않으십니까? 그들은 지금 자고 있을 뿐 아니라, 이내 병사들이 당도하면 주님을 스스럼 없이 버릴 겁니다. 그리고 나중에 베드로는 하녀 앞에서 주님을 세 번이나 부인할 것이고요. 이런 부류의 인간들에게 시간을 허비하시다니요."
예수께서는 핍을 보고 미소를 지으시며 나무라는 투로 온화하게 물으셨다.
"이런 부류의 인간들이라고? 나는 다른 부류가 있다는 걸 알지 못한다. 그렇고말고, 사랑하는 핍. 내가 온 것은 바로 이런 부류의 인간들을 위해서야. 그들이 있는 곳에 내가 있다."
이렇게 세 번째 꿈은 끝났다.

이리하여 핍 싱글턴은 모터보트를 몰아 본토로 회항하고 있었다. 그는 용접공으로서 그리고 그리스도인으로서, 우리가 모두 서로 연결되어 있다는 사실을 분명히 깨달았다. 성인(聖人)일지라도 초강력 용매에 의해 죄인들과 결합될 수 있다.
즉, 그리스도의 보혈이라는 용매에 의해.

4
자신을 자유롭게 하기

우리가 충분히 향상되지 못했다고 느낄 때마다
"나는 지난날들을 반성하곤 했답니다.
그러면 이런 생각이 드는 것이었습니다.
'우리를 가로막는 가장 큰 장애는
우리 마음 속의 쓸데없는 잡념들이며,
우리는 너무 많이 거기에 대해 집착한다….'
우리는 우리 자신으로부터
'자기'를 그렇게 만족스러울 정도까지 비워 내질 못합니다.
우리는 너무나 많이 자존심에, 자기 이익에, 자기 뜻에, 자기 성향에,
그리고 자기 안락에 매여 있다는 말씀입니다."

(성녀 장 드 샹탈, 「권고」)

자신을 자유롭게 하기

 어린아이였을 때 클레르는 무척이나 걷고 싶어했었다. 주변의 거인들이 얼마나 부럽던지! 거인들은 마음대로 왔다갔다하질 않는가! 가엾게도 그녀가 마루에 붙박혀 있는 동안 그들은 얼마나 큰 자유를 누리는지! 물론 그녀는 어줍게 엉금엉금 기어다닐 수는 있었다. 하지만 그것마저 서투르고 느려 터져서 그녀에겐 고된 일이었다. 게다가 고양이나 개처럼 네 발로 기어다니는 데서는 성취감이라곤 거의 느낄 수 없었다. 그랬다. 클레르에게는 걷기 아니면 아무 짓도 안 하기, 둘 중 하나여야 했다. 물론 다른 사람들의 격려가 없었던 것은 아니었다.
 하지만 그들은 오랜 세월을 걸어다녀서, 다만 일어서서 의자를 붙잡고 있는데도 노력이 필요하다는 사실을 까맣게 잊어버리고 있었다. 그들이 잡고 있던 걸 놓았을 때의 그 두려움을 망각하고 있는 건 말할 것도 없었다. 정말이었다. 다른 사람들은 도움이 되기보다는 차라리 성가신 존재들이었다. 달콤한 감언이설을 늘어놓거나, 잡아 주려고 팔을 내밀거나, 장려수단으로 사탕을 주어도 마찬가지였다.

그런 어른들은 분명, 언제고 주저앉을 두 다리로 남에 의지해서 세워졌을 때 그 아이의 속마음이 어떠할지 까마득히 잊어버리고 있는 것이다. 그러나 클레르는 그 근본적인, 아니 그 원초적인' 불안정성을 너무도 잘 알고 있었다. 그토록이나 극도로 불안한 상태에서라면 뉘라서 겁없이 대담한 행동을 취하고 한 발이라도 들어올릴 수 있겠는가?

아, 그것이 문제로다. 뉘라고, 땅 위에 두 다리를 안전하게 버티고 서 있는 대신, 공중에 한 발을 들어올려 스스로를 불안정에 빠뜨리는, 순전히 어리석은 짓을 하겠는가? 이 모든 위험을 감수한다면, 들어올린 발을 다른 발 앞에 가져다 놓을 수 있다고들 믿는다. 이전의 불안정이 새로운 꿈도 꾸어 보지 못한 안정으로 대치되리라 기대하는 좀더 큰 위험을 감수하기만 한다면 말이다.

물론 나중에 클레르는 걷는다는 단순한 동작이 다만 일련의 정복과정에 지나지 않는다는 것을, 즉 한 걸음 한 걸음이 새로 찾은 균형에 의해 이전의 균형은 상실되는 것이란 사실을 체험했다. 그러나 아직은 이렇다 할 자기 자신의 경험은 없으며, 다만 불가능하게 보이는 일들을 너무나 쉽게 해버리는 주변 어른들의 본보기가 있을 뿐이었다.

그러니 모든 것이 여전히 그녀가 행하도록 되어 있었다. 손 놓기, 위험을 감수하기, 미지로의 첫걸음을 내딛기 위해 두려움 가득한 허공에 발길 옮기기. 다행히 어느 한 시점에서, 그리고 나중에는 결코 기억할 수 없을 어떤 이유들에서 그녀는 위험을 감수하고 손을 놓았고, 허공으로 걸음을 옮겼다. 마루라는 폭군에게서 영예롭게 놓여 나기 위해 마침내 일어섰던 것이다. 별이 성큼 가까워졌다.

시간은 흘러갔다.

열 살 때 클레르는 무척이나 수영을 하고 싶었다. 가족들과 해변에 갔을 때 마치 바다에서 나고 자라기나 한 것처럼 파도 속에 뛰어들어 멀리 헤엄쳐 가는 늘씬한 십대 요정들을 보고 얼마나 감탄했던가! 오빠들은 수영이 정말 쉽다고 말하곤 했는데, 그들이 물 속에서 뛰어놀 땐 실제로 무척 쉬워 보였다. 그녀는 자기도 팔과 다리로 나는 듯 속력을 내어 우아하게 물살을 가르며 나아갈 날을 고대했다. 그래서 조금이라도 제 목표에 다가가 볼까 하는 생각에서 그녀는 자기가 감당할 만한 거리만큼 물 속으로 걸어 들어갔다.

하지만 여기서부터가 문제였다. 다시 말하면 바닥에서 발을 떼어야 하는 것이었다. 거기에 한 발이라도, 아니 발가락 하나라도 딛고 있는 한 안심이었다. 그러나 파도가 그녀를 조금쯤은 뜨게 해주리라 믿어야 할 두려운 순간이 올 때면 용기가 사라져 버리곤 했다. 몇 번 1, 2초 동안 발을 떼어 보았지만 그때마다 불길하리만치 어둡고 적막한 심연으로 가라앉곤 했다. 그럼에도 불구하고 너무도 수영이 하고 싶은 나머지, 마침내 어느 날은 첫날의 소심했던 태도를 과감히 버렸다. 두려움 없이 수영을 즐기는 주위의 사람들을 보고 그들이 하는 그대로 하기로 작정한 것이다. 그것이 자기 목숨을 거는 일이라 할지라도! 다른 사람들이 자기 곁을 미끄러지듯 스쳐갈 때, 그녀는 서투르고 느려 터진 동작으로 열심히 텀벙대며 나아갔다. 균형과 통제력과 안전을 무시하고, 사력을 다해 앞으로 앞으로 나아갔다. 그때 그녀는 파도 속에서 멋지게 팔다리를 내젓고 있는 자신을 발견했다. 마침내 뜬 것이었다. 그리고 바다의 열렬한 애무를 받으며 헤엄쳐 나아가고 있었다.

많은 세월이 흘렀다.

성숙한 여인이 되었을 때, 클레르는 무척이나 하느님을 사랑하고 싶었다. 그녀는 이 사랑을 불태우기 위해 오랜 시간 기도하고 금식했으며, 복음을 통해 배운 모든 것을 하나하나 실천하기 위해 노력했다. 내적 삶의 위대한 스승들의 글을 읽었으며, 영적 지도를 받았고, 몇몇 신앙 동아리에 들었다. 그리고 시간이 흐름에 따라, 하느님에 대한 자기 헌신에서 어느 정도 진전을 보았다.

하지만 성인들과 하느님께 열정적으로 몰입하는 그분들의 삶을 생각할 때면, 그분들처럼 하느님을 사랑하는 데 필수적인 요소가 자신에게는 아직 결여되고 있다는 느낌을 받았다. 결국 그녀는 자신에게 무엇이 결여되어 있는 것을 알아냈다. 즉, '자기'를 버리는 것이다. 그것은 다른 사람들의 인정에 대한 끊임없는 관심을 영원히 포기해야 함을 의미했다. 자신의 영성수련에서 모든 성취감을 버려야 함을 의미했고, 자신의 호불호(好不好), 자신의 애착, 자신의 이해, 자신의 안락과 관련하여 자기 삶을 지배하려는 모든 노력을 포기해야 함을 의미했다. 그리고 하느님이 당신 특유의 방식으로 이 모든 것을 관장하심을 자기의 전 존재로 믿어야 함을 의미했다.

아, 그건 얼마나 커다란 모험인가! 그것은 십자가를, 고통과 괴로움으로 점철된 삶을, 넌더리나게 권태스럽게 펼쳐지는 의무로 채워진 끝없는 세월을 의미하는 것 아닌가? 오랫동안 그녀는 어떤 확약을 받기 위해, 어느 정도 내놓으면 최소한 훗날에는 행복해지리라는 보장을 얻기 위해 하느님과 흥정했다. 그러나 하느님은 그런 약속을 한 마디도 해주시려 하지 않으셨다. 누구든 위험은 자기 스스로 감당해야 했다. 그것이 사랑이라는 게임의 요체였다. 진정한 사랑은 안전과 상호 이익과 심지어는 행복 추구까지도 초월해 있었다. 하느님은 당신 자신에 대한 사랑을 원하시지, 나중에 보상으로 받을 것에 대한 사랑을 원하시는 것이 아니다.

아, 순수한 믿음 속에 첫발을 떼는 어려움, 하느님의 불타는 심연 속으로 뛰어드는 어려움, '자기'를 버리고 영광스럽게 하느님의 품에 안기는 어려움이란!

그러나 두려운 마음에서 소중히 생각해 온 자기에게 수 년 동안을 끈덕지게 매달려 살다가 클레르는 마침내, 하느님 때문에 불행해지지나 않을까 하는 두려움이야말로 바로 자신을 지금 불행하게 만들고 있는 것이라는 사실을, 그리고 자기가 해야 할 유일하게 분별있는 일이란 사랑에 모든 것을 거는 것이라는 사실을 깨달았다.

그리하여 은총을 입는 어리석은 행동의 기회를 맞은 어느 날, 그녀는 결국 자기라는 답답한 갑옷을 벗어 버리고, 캄캄한 미지의 세계로 두 눈을 감고 내달렸다. 그러고는 하느님 품 안으로 달려들었다.

5
한밤의 도둑처럼

"내가 도둑처럼 올 것이다."

묵시 3,3

"그래, 우린 최선을 다했다.
우린 되도록 많이 드렸던 것이다.
하지만 하느님은 더 많은 것을 요구하시고,
우린 그것을 드릴 준비를 하지 못했다.
하느님이 어둠과 함께 오시지 않았다 하더라도
우린 결코 그것을 드릴 준비를 하지 못했을 것이다.
그리하여 어둠 속에서,
밤의 장막이 너무나 두터워 무슨 일이 벌어지고 있는지
우리가 아무것도 보지 못하고 있을 때
하느님은 가져가셨다."

돔 휘베르트 반 젤러, 「내적 성찰」

한밤의 도둑처럼

 어찌하여, 진정 어찌하여 그에게 빠져 버렸더란 말인가? 애님 아가씨는 내실에서 미친 듯이 자신의 책을 찾으면서 똑같은 질문을 골백번도 더 되뇌고 있었다.
 그것은 그녀가 가장 좋아하는 시집으로, 어렸을 적부터 보물처럼 간직하면서 성장기 동안 내내 되풀이해 읽고 주석을 달았으며, 그리하여 자신의 일부가 되어 버린 책이었다.
 그녀는 오랫동안 더 찾아보았다. 마음 속으로는 이미 소용없는 짓이라는 걸 알고 있었으면서도 말이다.
 '그가 가져간 게 틀림없어!'
 지친 나머지 그녀는 의자에 주저앉고 말았다. 분실한 것을 인정할 수밖에 없었다. 어찌하여, 진정 어찌하여 도둑에게 빠졌더란 말인가?
 그녀는 그들의 첫번째 만남을 생생하게 기억하고 있었다. 만월의 밤이었다. 그녀는 잠이 오지 않아 침대에서 일어나 프랑스풍의 창 쪽으로 놓인 큰 흔들의자에 앉아 있었다. 애써 촛불을 켤 필요는 없었다. 발코니에서 따뜻한 여름 공기가 들어올 수 있도록 창문은 열어 둔 채 앉아 있었다. 재산을 죄다 훔쳐 가기 전에 그녀의 마음부터 훔쳐 버린 그를 그때 만났던 것이다.

그를 처음 본 것은 그가 달빛 속에서 멋진 폼으로 발코니 난간을 뛰어넘고 있을 때였다. 그녀는 심한 공포감에 사로잡힌 나머지, 소리를 치지도 움직이지도 못한 채 그저 의자에 얼어붙어 있을 따름이었다. 하지만 그는 거기서 그녀를 만날 것을 미리 예상하고 있었던 것처럼 그녀에게 안심하라는 듯이 미소를 지어 보였다.

"두려워 마세요, 애님 아가씨."

정중한 목례와 함께 그가 말했다.

"제 이름은 테오, 도둑이죠. 아가씨는 절 모르시겠지만 저는 지금까지 오랫동안 아가씰 지켜 본 끝에, 오늘 밤이야말로 구애할 절호의 기회라고 생각했습니다."

애님 아가씨는 그 첫번째 만남을 아주 생생하게 기억하고 있었다. 애당초 그는 뻔뻔스럽게도, 그녀가 겁에 질려 하인들을 부르거나 자신을 경호원에게 넘기지는 않을 거라고 단정하고 있었다. 자신이 남의 마음을 사로잡을 수 있는 능력을 지니고 있다는 걸 깊이 의식하고 있었던 것인가? 그런데 묘하게도, 그의 달래는 듯한 목소리를 듣고 그의 얼굴을 보는 순간 그녀의 마음은 그에게로 쏠린 것이 사실이었다. 사실 도둑 테오는 그녀가 그때까지 만난 사람들 중 가장 멋진 사람이었다. 훌륭한 외모에다 자연스럽고 우아한 동작과 세련된 매너, 그리고 어딘가 모르게 위엄이 깃든 태도. 왕이라도 시샘할 만했다. 의심할 여지없이 그녀는 눈길이 서로 부딪치자마자 그 도둑에게 홀딱 반해 버렸던 것이다.

그는, 그날 밤은 그녀에게 선만 뵐 참이라고 말했지만 그러는 그의 태도에는 몸에 밴 완벽한 매력이 깃들어 있었다.

그의 기사도에 안심한 애님 아가씨는 순식간에 두려움을 잊고 그에게 끌렸으며, 이미 마음 속에서는 그 침입자를 향한 거부할 수 없는 매력을 느끼고 있었다.

그래서 도둑 테오가 이따금 구애를 하러 올 수 있도록 허락해 달라고 요청했을 때, 그녀는 지극히 기꺼운 마음으로 동의를 표했다. 어쨌든 부유하고 젊은데다가 고아요 미혼이었으니, 그녀는 자신의 미래를 원하는 대로 재단할 수 있었다. 그렇지 않은가? 그러나 이때 갑작스레 이런 생각들이 떠올랐다. 그녀의 구혼자는 스스로를 도둑 테오라고 소개했다. 도대체 그는 어떤 유형의 성격의 소유자인가? 왜 도둑질을 할까? 그는 어떤 미래를 보장할 수 있을까? 그녀가 이런 의문들을 말하려는 찰나 그가 아주 능란하게 선수를 쳤다.

"스스로 생각해 보세요, 애님 아가씨. 어떻게 되어먹은 작자가 밤에 남의 집에 침입해서 귀중한 것들을 훔치겠습니까? 내가 피해자의 동의를 얻기 전에는 결코 어떤 것도 가져가지 않는다는 건 남들이 보증할 겁니다. 그러니 그걸 도둑질이라고 할 수는 없지 않겠어요? 내가 당신에게 보장할 수 있는 미래에 대해서라면 나를 믿으셔야 합니다. 하지만 이것만은 일러 두죠. 나는 당신보다 큰 부자이고 앞으로도 그럴 겁니다. 언젠가는 온 세상을 당신 발 아래 갖다 바치겠습니다. 그러나 우선은 내가 원하는 걸 무엇이든 가져갈 수 있도록 해주셔야겠습니다. 좋습니까?"

믿을 수 없는 일이었지만 그녀는 두말 없이 응낙했다. 상대를 압도하는 그의 눈빛 때문이었을까? 아니면 그의 거리낌없는 솔직성이나 당당한 태도 때문이었을까? 알 수 없는 일이었다. 하지만 그녀는 동의하길 잘했다고 확고하게 믿고 있었다.
"감사합니다, 친절한 아가씨."
그가 엄숙한 목소리로 말했다.
"당신의 결정을 후회하진 않을 겁니다. 최소한 긴 안목으로 보면 말입니다."
이 마지막 말에 이어 그는 점잖은 유머 한 마디를 덧붙였다.
"밤에 다시 오겠습니다, 도둑처럼. 그러니까 지금처럼 말입니다. 그때 혹 깨어 있으면 우리의 생각을 이야기해 봅시다. 혹 당신이 잠들어 있다면 당신 물건만 가져가고 당신의 잠은 방해하지 않고 그냥 가리다. 안녕, 아가씨!"
애님 아가씨는 아직도 내실 의자에 앉아서 그 다음의 수 개월을 회상하고 있었다. 생각해 보면 도둑 테오는 얼마나 기이한 구혼자였던지! 일정한 주기는 없었지만 정말로 그는 자기가 말한 대로 한밤중에 다시 찾아왔다. 그가 언제 올지 몰랐으므로 그녀는 당연히 그가 올 때 깨어 있은 적이 드물었다. 따라서 그들의 야밤 대화는 어쩌다 한 번이었다. 그렇지만 그것은 그녀가 인정할 수밖에 없듯이 진정 잊지 못할 대화였다.
그만큼 테오는 묘한 인간이었던 것이다. 그러나 그녀는 그가 왔을 때는 거의 언제나 잠들어 있었다. 다음 날 자기 물건 하나가 사라진 걸 알고서야 그가 다녀갔다는 사실을 깨닫곤 했다.
그녀 애인에겐 또 하나의 신기한 특징이 있었는데, 말하자면 이런 것이었다. 그녀 생각에 그가 가져가리라고 점찍어 둔 것은 결코 가져가지 않는다는 점이었다.
예를 들면, 그녀는 그가 도둑이라고 알고 있었으므로 반지나

다이아몬드 브로치, 진주 귀걸이, 아니면 다른 보석을 훔쳐 가리라 예상했다. 하지만 그는 그런 것들에는 관심도 없어 보였다. 대신 그는 아주 사적인 그녀만의 물건들, 그 자체는 값싸지만 그녀로서는 커다란 애착을 갖고 있는 것들을 택했다. 가장 마음에 들어 하는 손수건이나, 반짇고리 속의 가장 좋은 바늘, 가장 편안한 슬리퍼, 애써 고른 머리빗, 가장 귀히 여기는 스카프, 그리고 이제는 비장의 시집까지 가져간 것이다.

한숨이 나왔다. 다음번에 또 뭘 가져가려나? 애완견? 커다란 흔들의자? 아니면 일기장? 또다시 한숨이 나왔다. 어디까지 갈 것인가? 성(城) 안이 온통 속 빈 커다란 조개 껍데기처럼 될 때까지 가져갈 것인가?

애님 아가씨의 근심이 전혀 근거 없는 것은 아니었다. 정말이지 그녀의 소중한 시집을 도둑맞은 다음의 수 개월 동안 점점 더 많은 것들이 사라지고 있었고, 그것도 점점 더 속도를 빨리 하고 있었던 것이다. 도둑 테오는 그녀의 재산을 거덜내기로 작심이라도 한 것 같았다.

하지만 참으로 이상한 일이었다. 낭패감이나 머리끝까지 치미는 울화도 잠시, 점차 그녀를 사로잡고 있는 이상한 용인의 감정을 느꼈던 것이다. 당연히 그녀는 그들의 야밤 대화 중 자기 물건들이 사라지고 있는 데 대해 여러 번 우려를 표명했다. 하지만 그때마다 그는 똑같은 말을 되풀이했을 뿐이다.

"나를 믿어요, 아가씨. 나를요. 하지만 당신의 응낙을 철회하고 싶다면 당신에게서 훔친 걸 모두 돌려주겠습니다. 그 후론 다시는 못 만나긴 하겠지만 말입니다."

그의 이 마지막 말이 항상 그녀의 가슴을 꿰뚫었다. 시간이 흐르면서 정말 그에 대한 그녀의 사랑은 한 번 만날 때마다 열

배는 더 깊어져 갔다. 그를 다시 볼 수 없게 된다면 그녀의 인생은 고스란히 아무런 의미도 없어질 것이다. 그 생각만 해도 애인에게 자신의 전재산을 내맡긴 이래, 그녀가 겪은 손실이란 게 거기 비하면 얼마나 하찮은 것인지 금방 느껴졌다. 사실 그녀의 성 안은 빠르게 비어 가고 있었지만, 그녀의 마음엔 전에는 한 번도 경험하지 못한 평화와 만족이 넘쳐 흘렀다.

그리하여 자신의 이상한 모험을 되돌아볼 때도, 좀더 크게 보면 아무것도 후회할 게 없었다. 일시적으로 느끼는 속상함도 전체적으로 보면 사실 그리 중요하지 않았다. 도둑 테오를 향한 자신의 사랑만이 유일하게 중요한 일이라는 걸 그녀는 뼛속까지 느끼고 있었다. 비참함과 환희가 묘하게 어우러진 기분으로 자기 성이 매일 약탈당하고 있다는 사실이 슬프긴 했으나, 기꺼운 마음으로 빈 벽만 남게 될 날을 기다렸던 것이었다. 물론 그날이 오면 도둑 테오는 그녀와의 관계를 수정하지 않으면 안 될 것이다. 어떤 도둑이라도 훔칠 만한 게 아무것도 없는데도 계속해서 도둑질을 할 수는 없을 테니까⋯.

애님 아가씨의 인내는 마침내 보상을 받게 되었다. 침대 맨바닥에 누운 채 아침을 맞이하고 말았던 것이다. 지난 밤, 그녀의 애인이 남아 있던 마지막 물건마저 가져가 버린 것이다.

네 개의 기둥이 있는 대형 침대였다. 이제 마지막으로 남은 그녀의 소유물이라곤 나이트 가운뿐이었다. 그녀는 일어나 앉아 믿을 수가 없어서 눈을 비볐다. 그러고는 유쾌한 웃음을 터뜨렸다. 옳거니! 마침내 사랑하는 테오가 모든 것을 가져가 버렸구나. 이젠 어떻게 될까? 오래 생각하고 있을 필요가 없었다.

바로 그 순간 테오가 눈부신 마차를 타고 와서 빼어나게 아름다운 황금빛 망토로 그녀를 감싸서는 마차에 태워 대저택으로 데려갔다.

그곳은 그녀의 성의 백 배는 됨직한 거대한 궁궐이었다. 놀랍게도 거기에 그가 가져갔던 모든 것이 고스란히 있었다.

"왜 날 여기 데려왔죠?"

어리둥절하여 그녀가 이렇게 묻자, 그가 매혹적인 미소를 지으며 대답했다.

"왜냐하면 애닝 아가씨, 당신이 새 집에서 아무 부족함 없이 편안하게 생활하길 바라서였습니다. 하지만 당신이 가장 소중한 재산을 내게 맡길 것인지 알아야만 하기도 했지요. 결국 결혼이란 완전한 공유가 아니던가요?"

그녀는 행복하게 웃었다.

"그래요, 그렇고말고요. 이제 제가 가진 것은 모두 드렸어요. 당신은 무얼 주실 건가요?"

그는 사랑스럽게 그녀의 눈을 들여다보았다. 대답이 필요 없었다. 그녀는 본능적으로 두 사람 중 그 거래에서 이익을 본 쪽은 그녀라는 것을 알았던 것이다. 그녀는 이제 자신의 텅 비어 버린 성을 떠올리곤 빙그레 웃었다.

얼마나 기이한 삶인가! 처음엔 가진 것 모두를 잃었지만, 결국엔 몇 배의 덤까지 얹어서 그 모든 걸 되돌려 받았으니!

6
그림 속의 세상

"죽은 사자보다 살아 있는 강아지가 낫다."

전도 9, 4

그림 속의 세상

    수업이 끝나서 모두들 저녁을 먹으러 집으로 돌아간 시립 센트럴 국민학교 교정은 사위가 고즈넉했다. 그래서 클레멘티 선생의 1학년 교실 벽에 걸린 가지각색의 그림들과 포스터들은 재미있는 이야기를 나눌 수 있었다. 그것은 사람들이 듣고 있지 않을 때 그들이 늘상 하는 일이었다. 하지만 그 특별한 날 저녁만큼은 목소리들이 꽤나 심각했다. 토론 주제는 성격상 철학적인, 더 나아가서는 형이상학적인 것이었다고 말해도 거의 틀림없다. 아무튼 중세 스콜라 철학자들은 말할 것도 없고 플라톤과 아리스토텔레스도 정말 기분 좋아할 토론이었다. 그것은, 그 때 면밀히 검토된 것이 실재와 가능성의 차이점과 이상과 현실의 기본적 차이점이었다는 이유만으로도 진정 사색적 토론의 진수랄 수가 있었다.
    아랫단에 '개'라고 씌어 있는 커다란 개 그림이 의견 교환을 시작했다.
    "아, 여섯 살짜리 코흘리개들 뒤나 따라다니지 않고 이 캔버스 위에서 어슬렁거릴 수 있다는 게 얼마나 다행인지 몰라!

항상 그 지저분한 잡종 땅개 로버랑 같이 학교에 오는 덜렁이 지미 리드 말이야. 참 어울리는 한 쌍이지! 고맙게도 난 진짜 개가 아니고 가상의 개라는 것 아니겠어? 난 도무지 이해가 안 간단 말씀이야. 왜들 벼룩을 지고 다니려 하고, 뼈다귀를 놓고 다투고, 교통 지옥에다 목숨과 팔 다리를 내맡기려 하는지. 왜들 행인들에게 동네 북이 되려 하고, 갈증과 허기를 느끼고 싶어하는지. 한 마디로 말해서 왜들 현실의 삶이라고 하는 그 악취나는 시궁창을 경험하려 하는지 모르겠단 말씀이지. 나처럼 가상의 개로 사는 게 훨씬 낫지 않겠어? 언제나 깔끔하고, 골치 아픈 일도 없고, 나이를 먹거나 죽지도 않고….”
“그 점에서 난 전적으로 동감이야.”
곁에 있던 포스터 하나가 말허리를 잘랐다. '고양이'라는 제목 아래 예쁜 샴 고양이(파란 눈, 짧은 털을 한 고양이: 역주)가 그려져 있는 포스터였다.
“고양이는 목숨이 아홉이라고들 하지만 믿지 말라구. 아이들이 수업 중일 때 교정을 돌아다니는 몸집 큰 수코양이를 쭉 지켜 봤는데, 내 장담하지만, 아수라장 같은 도시 생활 속에서는 더 빨리 늙고, 더 빨리 죽더라고. 정말이지 내겐 그 끊임없는 생존 경쟁이 안 맞아. 나는 이 포스터 위의 안전하고 이차원적인 생활이 훨씬 좋아.”
“아무렴.”
맞은편 벽의 사자가 으르렁거리며 말했다. 그것은 사각 판지에 붙여져 있는 사자 사진이었다. 그가 계속했다.
“여기서 우리가 누리는 삶과 비교될 수 있는 건 아무것도 없어. '땀도 눈물도 없으니 수의사도 고통도 없다.' 내가 늘 하는 말이야. 쯧쯧. 서커스단에 사는 그 불쌍한 놈들을 생각할 때면 내가 여기 있다는 게 얼마나 고마운지! 최소한 사자 조련사의 채찍을 피해야 한다거나 우리 창살 틈으로 사람들을 보지 않아도 되니까."
그림 인형이 끼여 들었다.
"우리는 다들 운이 좋은 거야. 꼬마 마시 브리그스가 자기 가는 곳이면 어디든 가지고 다니는 꾀죄죄한 헝겊 인형과 나 자신을 비교해 볼 때면, 여기 걸려 있는 게 꼭 특전인 것만 같아. 세상 걱정 하나 없으니까."
커다란 포스터 사과가 높고 날카로운 목소리로 말했다.
"나두야. 내가 실제 사과라면 난 5분도 못 견딜 거야. 너희들, 그 지독한 클리포트 존스—주근깨투성이 꼬마 괴물 말이야—가 '산토끼'라는 말 한 마디도 할 수 있을까 말까한 순식간에 어떻게 사과 하나를 먹어치우는지 아니? 들어들 보라고. 클레멘티 선생 책상에라도 올려지는 날에는 진짜 사과에게는 그날이 바로 생애의 최고의 날일 거야. 하지만 뒤이어 벌어지는 일은 누군가의 위장 속에서 잠그리 소멸되어 버리는 거라고. 끔찍해! 가상의 사과라면 그런 끔찍한 운명은 당하지 않아도 되는데 말이야. 우린 결코 먹힐 일이 없는 것은 물론이고 쭈그러들거나 썩는 일도 없다고."
교실 구석의 그림 집이 생각에 잠기며 말했다.
"바로 그거야. 거리 건너편 집들과 비교하면, 나는 삭거나 파손되거나 심지어는 화재로 인해 갑작스레 죽게 되는 비참한 꼴을 당하지 않아도 되니 그저 기쁠 따름이야. 아, 여기서 우린 얼마나 안전한지!"
그 그림에서 몇 자 떨어진 곳에 붉은 교사(校舍) 그림이 걸려 있었다. 그도 자기와 같은 벽 동무들의 합창에 가담했다. 그는 확신에 찬 목소리로 말했다.

"분명히 나도 너희들 생각에 공감한다. 벽 동무들아, 센트럴 국민 학교가 황량한 잔해더미가 되어 어슴푸레한 기억만 남을 때도 나는 여전히 지금처럼 젊고 싱싱할 거야. 실물들을 능가하는 이 명백한 우월성에 누구라서 탄복하지 않을까?"

이렇게 클레멘티 선생 반 교실의 벽을 꾸미고 있는 일곱 개의 액자들은 서로 자기 생각들을 나누었다. 오랫동안 그들은 실물의 2차원적 그림이 경험하는 이상적 삶의 장점들을 쉼 없이 찬양해 마지않았다. 그러고 나자, 그런 종류의 자기 만족의 언사들에서 대개 그렇듯, 어색한 침묵이 찾아들었다. 처음의 북받치던 감격이 사그라들자 거의 불가피하게, 모순된 생각들이 추레한 고개를 들기 시작했다. 자랑이란 원래가 속내를 들킬까 봐 뭔가 불안할 때나 취약점이 있을 때 나오는 것이 아닌가?

교실에는 이 때 긴 침묵이, 일종의 향수 같은 것이 가득 밴 침묵이 흐르고 있었다. 그림 개는 자기의 어린 주인을 향한 로버의 경외어린 눈빛과, 둘이 함께 들판을 가로질러 뛰어다니는 모습, 그리고 그들의 따뜻한 우정을 생각했다. 내가 진짜 개라면 내 삶은 분명 너절한 것이겠지만, 아, 그것은 얼마나 모험으로 가득 차고 생기 넘치는 것일까?

그림 고양이는 그림 고양이대로 자신의 붙박이 생활을, 근방을 배회하는 도둑 고양이의 자유와 비교해 보고 있었다. 그들의 삶은 위험의 연속인 것이 사실이다. 하지만 그들은 추적당함의 스릴, 동류들과의 교제, 달빛 속 구애의 황홀함을 안다.

한편, 사자는 하루라도 서커스에 나간다면 얼마나 신날까 그려 보고 있었다. 수천 명의 아이들이 놀란 입을 다물지 못한 채 자기를 지켜 보고, 뛰어서 화염 고리를 통과할 때면 관중들은 갈채를 보내고, 울긋불긋 차려 입은 연기 지도자가 자기의 위용과 기품을 돋보이게 해줄 것이었다.

마찬가지로 그림 인형도, 꼬마 마시 브리그스가 두 팔로 자기를 붙들고 다정한 말을 속삭여 준다면, 들어당겨 꼭 안고 뜨겁게 입을 맞춰 준다면 얼마나 멋질까 생각하고 있었다.

그림 사과로 말할 것 같으면, 그는 실물 사과를 볼 때 클리포드 존스의 두 눈이 얼마나 빛나는지, 본능적으로 아랫입술을 깨물며 부끄러운 기색도 없이 얼마나 게걸스레 안달하는지, 자기가 먹는 사과마다 그 부드러운 속살을 얼가나 맛나게 먹는지 떠올리고 있었다. 누구라서 이 노골적인 아첨에 우쭐해지지 않으리?

교실 한 구석의 그림 집과 그림 교사(敎舍)는, 사람들이 저희들을 가득 채우고서 소리치며 웃고 떠들며, 극적인 장면들과 가족의 축하를 받는 그런 모습을 볼 수 있다면 얼마나 멋진 일일까 상상했다. 아, 얼마나 활기찬 생활일 것이냐?

그날 저녁 어떤 시점에서, 클레멘티 선생 반 교실을 꾸미고 있는 모든 그림은 갑자기 향수어린 침묵 속에 한가지 결론에 이른 듯, 자기네는 결코 그리 될 수 없음을 안타까워하는 공동의 한숨을 토했다. 이상적이며 완벽하다는 것은 진정 멋진 일이었다. 의심할 여지 없이 거기엔 많은 특전도 있었다. 하지만 현실의 존재가 된다는 것은 훨씬 더 멋진 일이었다.

물론 하느님은 항상 이 사실을 알고 계신다. 당신께서는 이상적이고 완벽한 세계를 상상하고 있는 것과 현실적이고 불완전한 세계를 창조하는 것 사이에서 선택을 하셨다. 우리는 그분이 어떤 선택을 하셨는지 알고 있다. 그 선택은 흔히는 대단한 혼란을 야기한다. 확실히! 하지만 나머지 대안을 생각해 보면, 우리는 당신의 선택이 더 이상 탁월할 수 없었다는 것을 인정할 수밖에 없다.

7
열려 있는 집

"야훼를 믿는 자는 얼굴에 화기가 돈다."

잠언 28,25

열려 있는 집

 한 부유한 대상단(隊商團)이 50명의 근위병들의 경호를 받으며 자기 성을 행해 오고 있다는 소식을 접했을 때 아부 알마디는 부쩍 호기심이 생겼다. 바그다드의 중요한 인사라야 그처럼 대단한 수행 대열을 거느리고 여행할 수 있을 것이다. 하지만 그렇다면 수도에서 이렇게나 멀리 떨어진 변방 이르빌에 있는 자신은 어떻게 처신해야 하는가?
 아부의 호기심은 이내 충족되었다. 곧 대상단이 성에 당도했는데, 대상단 수장이 자신을 자파르 알마문이라고 소개했던 것이다. 그는 바그다드의 권세가인 칼리프(이슬람 세계의 지도자 : 역주) 하룬 알라시드의 시종장이었다.
 칼리프를 '전하'라고 하면서 그는 설명했다.
 "전하께서는 그분 왕국을 여행 중이신데, 내일이면 이 지역에 당도하실 겁니다. 내 임무는 그분이 오실 것을 알리고, 귀하께서 그분이 며칠 동안 귀성에 머무실 수 있도록 환영해 주신다면 귀하의 영접 준비를 돕는 것입니다."
 당연히 아부는 고명한 하룬 알라시드가 자기 성에 머물고 싶어한다는 사실을 대단히 영예롭게 여겼으나 동시에 그처럼 귀한 손님을 그렇게 황급히 영접해야 한다는 사실에 걱정이 앞섰다. 하지만 칼리프의 시종장은 이런 이유를 들어 그를 안심시키는 것이었다.
"주인님의 기호는 아주 소박합니다. 그분을 위해 성대한 준비를 하실 필요는 없습니다. 무엇이든 그저 가까이 있는 것에 대만족이실 겁니다. 아시겠지만 그분은 늘 바그다드와 그 쓸데없이 사치스런 생활과 음모로부터 멀리 벗어나는 걸 무척 좋아하시지요. 마음에서 우러나오는 소박한 영접을 훨씬 좋아하신답니다."
그러고는 시종장은 은밀한 이야기나 하듯 덧붙였다.
"실은, 그분이 특히 높이 사시는 것은 신뢰입니다. 허락하신다면 도움 말씀 하나 드리겠는데요. 칼리프님이 뭘 원하시든 그분의 친절을 전적으로 믿으시고 그대로 따르십시오. 요구하신 것들이 귀하께 이상해 보이시더라도 말씀입니다. 그렇게 하신다면 후회하실 일은 없을 것입니다."
이렇게 일장 훈화가 끝나자 흥분이 좀 가시긴 했으나, 아부는 아직도 최선을 다해 칼리프를 영접할 수 있을지 걱정이 컸다. 그래서 그는 이날 나머지 시간을, 하인들에게 지시를 내리고, 시종장과 수행원들이 편히 쉴 수 있도록 신경 쓰면서, 그리고 최소한 성의 손님 방들과 대응접실만이라도 소홀함 없이 깔끔히 정돈하도록 독려하며 보냈다.
다음 날 성장을 하고 귀족과 시종들이 장려한 행렬을 거느린 칼리프가 당도했다. 위엄 있는 거동과 화려한 의상에도 불구하고 그는 매우 친절하고 자상한 손님이었다. 그 점에 대해서는 아부는 그 다음 며칠 사이에 곧 깨닫게 될 터였다. 그는 아부에게 지시를 하는 법이 없었다. 그럴 권리를 가지고 있었지만, 그는 자신의 요구를 표현하되 망설임 끝에 비굴에 가깝다 할 정도로 정중하게 하였다.

예를 들면 하룬 알라시드는 "제가 무도장에 가도 될까요?" 하고 묻는 것이었다. 또 한 번은 "가능하면 귀하의 서재를 좀 볼 수 있을까요?" 하고 온순하게 요청한 일도 있었다.

당연히 아부는 칼리프가 방문할 방이 남 앞에 내놓을 수 있을 만큼 정돈되어 있을지 자신할 수 없긴 했지만, 어떤 것이든 그의 요청이라면 거절할 엄두를 못 내었다.

사실 간혹은 그런 방들이 엉망일 때도 있었지만 칼리프는 조금도 괘념치 않는 듯했다. 그가 높이 사는 것은 언제고 손님이 원하기만 하면 성 안의 어느 방이든 기꺼이 이용할 수 있도록 준비하는 아부의 마음인 것 같았다. 그래서 칼리프는 주인장의 호의를 시험이라도 하려는 듯 하루하루 지남에 따라 접근 범위를 점점 더 크게 넓힐 수 있도록 허락을 구하는 것이었다.

이렇게 해서, 바그다드에서 온 귀빈은 차츰 아부의 성을 구석구석 모르는 곳이 없게 되었다. 아부는 결국 자기 지배 영역의 한 부분도 이 귀빈의 정밀 탐사를 피할 수 없으리라는 것을 금방 깨달았다. 물론 생각이 여기에 미치자 그는 불안한 마음이 점점 더 심해졌다. 그의 성에는 얼굴을 못 들 정도로 어질러져 있는 곳뿐 아니라 폭삭 주저앉은 곳도 많았기 때문이다.

칼리프가 거실, 당구실, 식당, 홀, 화랑, 심지어 침실까지도 보고 싶다는 바람을 피력할 때 아부는 그리 싫지는 않았다. 그는 다만, 칼리프가 방문하고자 하는 방이 어느 것인지 알게 되면 즉시 그들에 앞서 하인들을 보내어 손님의 눈에 거슬릴지도 모르는 것들을 모두 황급히 치우도록 할 뿐이었다.

이를테면 주저앉은 가구들이나 파손된 물건들 말이다. 이것들은 신중하게, 그러나 대단한 속도로 내몰려, 이미 고물이며 폐물 잡동사니 들로 가득 차 있는 커다란 창고—아부는 '고물광'이라고 불렀다—에 버려졌다.

그러나 바그다드의 이 존귀한 칼리프 하룬 알라시드가 부엌이며 하인 숙사, 세탁실, 식기실, 식료품 저장실, 마구간, 포도원, 다락방 그리고 마침내는 지하실까지 방문하고 싶다는 생각을 내비쳤을 때, 아부는 정말이지 딱한 처지가 되고 말았다. 이 불쌍한 주인이 바로 전에 이런 곳들을 치우도록 제아무리 최선을 다하려 해도, 칼리프가 다음 날이나 심지어는 곧 이어지는 시간에 살펴보고 싶어할 곳을 예측하기란 불가능한 일이었다. 따라서 이 귀하신 손님은 때론 참으로 볼썽사나운 꼴을 목도하기도 했다.

하지만 그는, 보통의 경우 예민한 손님이었다면 불쾌해 했을 일들도 태평스레 무시한 채 지극히 침착하게 처신했다. 그 반대로, 하룬 알라시드는 날이 갈수록 성의 외떨어진 작은 방이나 벽장 같은 곳을 탐사하는 데서 점점 더 큰 기쁨을 찾는 듯 했다. 성 전부를 기꺼이 손님 마음에 내맡기는 주인장의 마음을 매우 높이 사고 있음에 틀림없었다. 시종장이 처음에 칼리프가 가장 높이 평가하는 것은 신뢰라고 말한 대로, 바로 이 특별한 경우에도 그는 아부가 성의 온갖 꼴 사나운 난장판에 몰두하는 자신을 믿어 주고 있는 점을 높이 사고 있었다.

하지만 그 믿음이 크게 시험당하는 날이 오고야 말았다. 꼭대기에서 밑바닥까지 온 성을 다 살펴본 칼리프가 아직 보지 못한 그 마지막 부분, 그러니까 바로 아부의 '고물광'을 방문하고자 하는 바람을 밝혔던 것이다. 요청을 접했을 때 아부는 혼비백산하고 말았다. 아, 어떻게 해야 손님의 마음을 돌려 놓을 수 있단 말인가? 가능한 한 정중하게 그 요청을 거절할 적절한 핑곗거리를 찾기 위해 머리를 쥐어짜 보았으나 허사였다. 내빈 후대(厚待)의 법도는 신성시되어야 했기 때문이다. 성문에서 칼리프를 맞을 때 전통적 의식에 따라 "저의 집을 당신의 집으로 생각하소서." 하고, 혹은 그런 의도로 말하지 않았던가? 그리고 그 다음 며칠 사이에 몇 번이나, "들은 대로 따르리이다." 혹은, "당신의 원이 곧 저의 명령이니이다."와 같은 성스러운 말들을 동원하여 손님의 종잡을 수 없는 소원에 충실히 따르기로 공언하지 않았던가?

그러니 이미 늦어 버린 지금, 어떻게 자신의 주인이자 주권자이신 분의 특별한 바람을 저버릴 수 있겠는가? 하지만 다른 한편으로 생각해 볼 때 귀하신 바그다드의 칼리프를 자기의 고물광으로 모신 다음의 그 부끄러움을 어떻게 씻어 낼 수 있단 말인가! 아마 칼리프는 아부의 어두운 표정에서 이런 모든 생각을 읽은 것 같았다. 그가 곧 아부를 구해 주었기 때문이다. 그는 부드럽게 말했다.

"고물광으로 들어가도록 내게 허락하는 걸 망설이고 있음을 알고 있소. 친애하는 아부, 그대가 반대한다면 그 생각은 포기하겠소. 하지만 내 사적인 이유들이 있으니 그대의 허락은 내겐 커다란 의미가 있소. 그렇게 해준다면 그대가 진정으로 얼마만큼 나를 신뢰하는지, 그대가 어느 정도까지 내 눈앞에 그대의 온 성을—심지어는 가장 볼썽사나운 부분까지도—내비쳐 줄 마음이 있는지 알 수 있을 것이오. 거기서 볼 것 때문에 내 기분이 상하지 않을까 걱정하진 마오. 고물광이란 곳은 공식적인 회견실이 아니라는 걸 잘 알고 있기 때문이오. 내 보장하건대 그 반대로, 그대는 그 결정을 후회하지 않을 것이오."

당연히 아부로서는 칼리프의 요청을 받아들이느니 차라리 죽는 게 나을 것이었다. 그렇지만 그는 고민 끝에 끝내 동의를 표하고 말았다. 결국 그는, 손님이 성의 온갖 결점이며 꼴사나운 것들을 마음 좋게 눈감아 주셨으니 이번에도 그분의 자비심으로 고물광의 놀라 자빠질 광경을 못 본 체해 줄 것이라고 속짐작을 했던 것이다.

남이 들을 수 있을 정도의 고통어린 한숨이 섞여 있긴 했지만, 아부의 긍정적인 답변을 들은 칼리프는 뛸 듯이 기뻤다.
"그대가 잘 이해해 주니 정말 고맙구려, 친애하는 아부. 아, 마지막으로 한 가지 부탁이 있소. 고물광 열쇠를 내게 주고 혼자 가볼 수 있게 해 주시면 감사하겠소만…."

그러고는 아부의 얼굴에 나타나는 걱정의 기미를 보고 재빨리 덧붙였다.
"좀 이상하게 들릴 게요. 하지만 바라건대 내 청을 들어 주시오. 우선은 내가 한가한 때에 고물광에 가 보게 해주시오. 그리고 내일, 원하신다면 우리 함께 거길 다시 갑시다."

묘하긴 했지만 칼리프가 바라는 대로 따르는 수밖에, 아부로서는 이 시점에서 별 도리가 없었다. 하지만 그는 그날, 나머지 온 낮밤을 바늘 방석에 앉아 있었다. 칼리프가 자기 고물광의 끔찍한 잡동사니 더미 속에 내내 파묻혀 있다는 걸 알고 있었기 때문이다.

하지만 다음 날 아침은 그의 생애에서 잊지 못할 전환점으로 기록될 것이었다. 아아, 그날 아침 바그다드의 칼리프 하룬 알 라시드 자신이 친히 그를 깨우러 왔던것이다. 그에게 은밀히 보여 줄 것이라도 있는 듯, 칼리프는 주인에게 빨리 옷을 입고 따라오라고 재촉해 댔다. 그대로 아부는 따랐다. 그러자 놀랍게도 손님은 곧바로 고물광으로 그를 데려가는 것이었다. 거기 도착하자 칼리프는 전날 아부에게서 넘겨 받은 열쇠로 자물쇠를 열고 문을 활짝 열어 젖혔다.

"들어가 보오, 친구."

그는 입가에 기대에 찬 미소를 지으며 한 마디 했다.

사람 잘 믿는 아부는 사건의 이 예기치 않은 반전에 아직도 어리둥절해 하며 고물광에 들어갔다가 눈 앞에 펼쳐진 광경을 보고 그 자리에 못 박히듯 서 버렸다. 거기에서 그는 예상했던 끔찍한 쓰레기 더미 대신 그 거대한 광이 깔끔하고 정연할 뿐 아니라, 천정에서 바닥까지 아무도 상상조차 못해 봤을 진귀한 보물들로 가득 차 있는 걸 보았던 것이다. 칼리프가 주인장에게 말했다.

"보시다시피 친구여, 실례를 무릎쓰고 내가 그대의…. 음…. 재산을 바그다드에서 가져온 내 물건 몇 가지로 바꾸어 놓았소. 그렇긴 해도 이 안에 있는 것은 모두 이제 그대의 소유요. 그리고 또 한 가지, 그대가 나의 수상직을 맡아 나의 이름으로 전 영토를 통치해 준다면 정말 감사하겠소."

아부는 할 말을 잊었다. 위대한 칼리프 하룬 알라시드께서 도대체 무엇 때문에 이렇게도 은혜를 내게 베푸시는 걸까?

완전히 넋이 나가 있는 그를 보고 칼리프는 자신의 마지막 기습이 성공을 거둔 것으로 보고 즐거워 못 배길 지경이었다.

"왜 내가 그대에게 호의를 베푸는지 궁금하지요? 친구. 이유는 딱 한 가지, 그대가 나를 신뢰해 주었기 때문이오. 그대는 가진 것 모두를 나와 공유하도록 허락해 주었소. 그대의 치부까지도 말이오. 그러니 당연히 나 또한 그대와 모든 것을 공유하려는 거요."

이렇게, 전설에 '하룬 알라시드의 계승자'라 나오는 아부 알 마디의 새로운 삶은 시작되었던 것이다. 참으로 믿는 마음은 아무도 어쩔 수 없는 법이다. 왕이라 할지라도.

어떤 사람은 이렇게도 말한다. "하느님이시라 할지라도."라고.

8
영혼을 만들어 가는 골짜기

"아버지께서는 악한 사람에게나 선한 사람에게나 똑같이 햇빛을 주시고, 옳은 사람에게나 옳지 못한 사람에게나 똑같이 비를 내려 주신다."

마태 5, 45

"도시의 인구 밀집 주거지에 비행기로부터 독탄들이 떨어진다면, 신심 깊은 사람들의 지붕이든, 신앙 없는 사람들의 지붕이든 가리지 않고 뚫어 버린다."

레슬리 웨더헤드, 폴 F. 앤드루스의「왜 하필 나인가? 왜 나의 것인가? 시련에 대한 해명」

"그뿐 아니라 우리는 고통을 당하면서도 기뻐합니다. 고통은 인내를 낳고 인내는 시련을 이겨내는 끈기를 낳고 그러한 끈기는 희망을 낳는다는 것을 우리는 알고 있습니다. 이 희망은 우리를 실망시키지 않습니다. 우리가 받은 성령께서 우리 마음 속에 하느님의 사랑을 부어 주셨기 때문입니다."

로마 5,3-5

"잘못 알고 있거나 미신에 사로잡힌 사람들 사이에서 통용되는 이 세상의 딴 이름은 '눈물의 골짜기'이다. 하느님의 어떤 중재를 통해 우리가 구제되어 하늘 나라로 불려 가게 되어 있는 그런 곳이라는 것이다. 이 얼마나 제한적이고 경직되어 있는 인식인가! 괜찮다면 이 세상을 '영혼을 만들어 가는 골짜기'라 부르자. 그리하면 이 세상의 효용을 알리라….

한 지적 존재를 단련시켜 한 영혼으로 만들어 가기 위해서 고통과 시련의 세계가 얼마나 필요한지 모른단 말인가?"

존 키츠,「서간집」

영혼을 만들어 가는 골짜기

암이라고 의사가 말했다. 캐롤은 아찔했다.
"말긴가요?"
그녀는 망연히 물었다.
의사는 머뭇거렸다.
"음…. 그래요, 그런 것 같군요. 하지만 적절한 치료와 살려는 강한 의지가 있다면 가망은 있습니다. 에…, 자연적으로 치유된 예가 많거든요. 아니면 최소한 증세가 완화되어 굉장히 오랫동안 산 경우들도요."
캐롤은 비참한 심정으로 집으로 돌아왔다. 마흔 넷. 죽기엔 너무 젊은 나이였다. 사실, 아이들은 십대 후반이므로 그녀 없이도 살아갈 수 있었다. 하지만 문제는 그것만이 아니었다. 남편, 스콧은 어떻게 하고? 둘은 너무도 금실이 좋았다.
　그녀의 죽음은 그에게 충격을 줄 테고, 어쩌면 그의 인생을 망쳐 놓기까지 할지도 몰랐다. 게다가 그녀는 오직 아내나 어머니에만 머무르는 건 아니었다. 더 많은 즐거운 경험들과 할 일, 성숙을 위한 더 많은 세월을 갈망해 마지않는 한 사람의 인간이었던 것이다. 안 돼! 인생의 이런 계제에 죽는다는 건 말도 안 된다고! 허무와 공포와 분노가 걷잡을 수 없이 밀어닥쳤다.

그 다음 수 주 동안은 캐롤에겐 숙고의 시간이었다. 제 자신의 곤경 탓에 하느님에 대해서, 우리 삶의 고통의 현존에 대해서, 그리고 하느님의 섭리와 관련하여 이 모든 것이 갖는 의미에 대해서 생각하게 되었던 것이다. 하느님이 순수 사랑이시고 전능하시다면 왜 세상에서 고통을 일소하시지 않는 걸까? 그분은 왜 선한 사람이 고통당하고 악한 사람이 번창하도록 방치하시는가? 그리고 더 구체적으로 말한다면, 그분은 왜 그녀와 같은 사람들이, 그러니까 당신의 목적을 위해 시간과 정력을 조금도 아끼지 않는 사람들이 젊은 나이에 죽어 가는 걸 막지 않으시는가? 어쨌든 성서에서는 하느님 허락 없이는 참새 한 마리도 땅에 떨어지지 않는다고 하지 않았던가? 이런, 그리고 이 비슷한 의문들이 의사의 진단이 내려진 이후 수 주 동안 끈질기게 그녀를 괴롭혔다. 그러면 그럴수록 절망의 끝에 선 느낌이었다. 존중할 만한 판단을 내려 주곤 했던 몇몇 현명한 그리스도인들과 대화도 해보았지만, 그들의 말에서는 거의 위안을 찾지 못하였다. 진정 누가 고통의 문제에 대해 온전히 만족스런 해답을 알고 있단 말인가?

하느님이 그녀를 불쌍히 여겨 세 가지 꿈으로 계시해 주신 것은 바로 그녀가 이렇듯 고민스런 곤경의 한 가운데를 헤매고 있을 때였다. 그것들은 일반적인 유형의 꿈, 그러니까 '흑백' 꿈이라고 할 수 있는 그런 꿈이 아니었다. 정신이 늘상, 일종의 '밤의 청소 작용'으로 매일의 경험들을 상징적으로 처리하는 그런 꿈이 아니었던 것이다. 정말 그랬다. 그분이 그녀에게 계시해 주신 꿈들은 특별한 유형의 꿈, 그러니까 '천연색' 꿈이라고 할 수 있는 그런 꿈이었다. 그것을 통해 하느님의 성령께서 몸소 깊은 자아에게 지도나 경고나 확약을 주시는, 그리하여 그 후로도 오랫동안 영혼에, 손에 잡힐 듯 생생한 기억을 남겨 두시는 그런 꿈이었다. 물론 이 꿈들이 한꺼번에 꾸었던 것은 아니었다. 사실 그것들은 두 달에 걸쳐서 부여되었다. 하지만 그것들은 캐롤에게 영속적인 인상을 남김으로써 인생의 온갖 풍상을 다른 눈으로 바라볼 수 있게 해주었다.

첫번째 꿈에서 그녀는 토카라는 낯선 혹성에 있었다.

그녀 곁에는 빛의 옷을 입은 한 투명한 존재가 있었다. 그녀는, 그가 자신을 토카성까지 안내하도록 파견된 천사 아리엘이라는 걸 직관적으로 알아차렸다. 그녀의 손을 잡으며 그가 말했다.

"아리엘입니다. 제가 당신의 토카성 여행에 동반할 겁니다."

그의 목소리는 온화했으며 동시에 위엄이 있었다. 경외스런 외모와는 달리 그는 분명 아주 인자한 영혼이었다.

이렇게 해서 그들은 토카성 탐사에 착수했다. 캐롤은 토카성이 한 가지 두드러진 특징 때문에 주목할 만하다는 사실을 금방 알아차렸다. 그것은 주민들이 어떤 형태의 고통도 전혀 겪고 있지 않다는 사실이었다. 그녀는 자신이 발견한 것에 대해 아리엘에게 말했다.

"역시! 결국 제가 옳았어요. 하느님께선 모든 고통을 제거하실 힘을, 더 나아가 그것을 예방하실 힘까지도 가지고 계세요."

아리엘이 동의했다.

"바로 그래요, 무조건적으로 말하면 말입니다."

"무조건적으로 말하면? 그럼 그 말씀은 어떤 조건들이 있다는 뜻인데요."

천사는 머뭇거렸다. 질문에 대한 간단하고도 만족할 만한 대답을 찾는 데 애를 먹고 있는 게 분명했다. 그가 마침내 이렇게 말했다.

"그러니까 음, 당신네 인간들은 힘이란 사람이나 사건을 제어하는, 즉 강제하고 지배하는 능력이라고 자연스럽게 이해합니다. 그리고 하느님께서 그런 힘을 갖고 계신 것도 사실입니다. 하지만 그분은 순수 사랑이시므로 그런 식의 원초적 권능은 행사하고 싶어하지 않으십니다. 그것은 당신께서 합리적 피조물에게 기대하시는 애정어린 반응 대신에 패배자들의 복종을 낳을 뿐이기 때문입니다."

캐롤이 이의를 달았다.

"그렇다면 또 다른 힘이라도 있는 것입니까?"

아리엘은 수수께끼 같은 대답을 했다.

"사랑하는 사람에겐 목적을 이룰 수 있는 힘이면 충분합니다. 우선은 토카 주민들을 좀더 살펴보세요."

그녀가 그렇게 하자 또 다른 면을 발견할 수 있었다. 토카인들은 모두 응석받이 선머슴들 같았다. 유아적이고 미숙한 아이들 말이다. 어떤 목표에 이르기 위해, 또 누군가를 기쁘게 해주기 위해, 어떻게든 향상을 도모하기 위해 노력하는 흔적이라도 보이는 사람이 아무도 없었다. 무엇 때문에 애를 쓴단 말인가? 아무런 고통이 없다는 건 메워야 할 욕구불만도, 바로잡아야 할 부조화나 결점도, 보상이 요구되는 손해나 박탈도 없다는 걸 의미했다. 변덕스런 마음이야 자동적으로 충족되었다. 토카성은 만족한 아기들이 사는 하나의 거대한 보육원 같은 곳이라는 게 결론이었다. 그런 결론은 불가피한 것이었고, 캐롤은 그런 결론을 내릴 수 있는 정도의 지성은 갖추고 있었다. 그녀는 마침내 아리엘에게 동의했다.
"알겠어요. 인간이 자라고 성숙하는 데는 어느 정도의 긴장과 고통이 필요하다는 말이에요. 그것이 하느님께서 지구에 고통을 허락하신 이유겠죠?"
"바로 그렇습니다. 당신네 시인 한 분이 말했듯이 당신네 세계는 영혼을 만들어 가는 골짜기입니다. 그리고 그런 한에서 하느님의 애정어린 목적은 성취되는 것입니다. 다시 말하면, 그분께서는 권능을 온전히 행사하시지만, 곤경 속에서의 사랑이라는 방식으로만 하신다는 것입니다."
캐롤은 아리엘의 말을 오랫동안 곰곰이 생각해 보았다. 그녀는 그가 말하고자 한 어떤 것, 그러니까 어느 정도의 고통과 어려움은 필요하며, 그것이 영혼을 만들어 가기에는 참으로 유용하다는 것을 이해했지만, 지구인들에게 고통이 주어지는 실제적인 방식에 관해서는 아직 납득 못 할 점들이 많이 남아 있었다. 예를 들면, 고통은 왜 분별도, 정상 참작도 없이 그리 무차별하게 주어지는가?와 같은 것 말이다. 범죄자는 수감되어야 하고, 운동가로서의 모험을 즐기는 등산가는 가끔 상처를 입을 수도 있다는 사실은 이해할 수 있었다. 하지만 그런 종류의 고통은 어떤 의미에서는 '당연'하고 이치에 닿는 것이었다. 그러나 정말 소름끼치는 방식으로 고통을 겪는 참으로 선량한 사람들의 그 모든 '부당한' 고통은 어쩌란 말인가? 불행히도 그녀의 꿈은 이 대목에서 끝나 버려, 이런 이의들은 해답을 못 얻은 채 묻어 둬야 했다.
두 번째 꿈은 몇 주 후에 찾아왔는데, 이런 이의들 중 일부를 해명해 주었다.

두 번째 꿈에서 그녀는 수디성에 있었다. 아리엘이 여기에서도 안내자이자 조언자로서 그녀 곁에 있었다. 둘은 서로에게 다정한 인사를 건네고는 새 혹성을 탐사하기 시작했다. 아리엘이 말했다.

"알게 될 겁니다. 캐롤. 이 혹성엔 얼마만큼 고통이 있다는 걸 말입니다. 하지만 그것은 그 잘잘못에 따라 모든 사람에게 주어집니다. 다시 말하면, 여기서는 모든 사람이, 그들이 당하는 고통이 무엇이든 거기에 합당하다는 것입니다. 자, 그 결과를 한번 살펴봅시다."

그 결과란 것들은 잠시 후 캐롤에게 확연히 드러났다. 둘이서 수디성을 여행할 때, 그녀는 그곳 주민들이 다른 사람들의 고통에 이상할 정도로 무관심하다는 사실을 알게 되었던 것이다. 논리적으로 말하자면, 모든 불행과 비극이 합당한 것이었으므로 다른 사람의 고통에 대해 안 됐다고 느낄 사람이 하나도 없었던 것이다. 지진이나 화재나 기근이 발생해도 희생자들의 곤경에 누구 하나 놀라지 않았다. 화재를 당한 가족의 집을 재건하려 하거나, 지진의 희생자들에게 깨끗한 마실 물을 제공하거나, 배고픈 사람들에게 음식을 나누어 주려 하지도 않았다. 그 요점은 무엇이었을까? 그렇게 한다는 것은 인간의 삶에서의 하느님의 단련 계획을 방해하는 결과가 되는 것이었다. 이런 고통을 통해 완수하시고자 하는 그분의 목적을 감히 방해하고 싶어하는 사람은 아무도 없었다.

그때 캐롤이 외쳤다.

"오, 맙소사! 이 사람들은 인간이 아니야! 다른 사람에 대해 인정머리나 동정심이나 관심 같은 건 아예 없다고."

아리엘이 슬픈 목소리로 동의했다.

"그래요. 그것이야말로 영혼을 만들어 가기에 필요한 고통이 무작위적으로 차별 없이 주어지지 않을 때 생기는 문제랍니다."

그녀는 잠시 깊은 생각에 빠졌고 마침내 결론을 지었다.

"이제 알겠어요. 지구가 수디성보다 훨씬 살기 좋은 곳이에요. 지구인들은 최소한 비극이 엄습할 때면 온정의 손길을 내밀거든요. 우리는 우리가 겪는 대부분의 고통이 우리의 응보와는 무관하다는 걸 본능적으로 압니다. 아니면 최소한 그렇게 알아야 해요. 사실 전 지금 왜 내가 그런 의문에 대답하려고 그토록 많은 시간과 노력을 허비했는지 모르겠군요. '내가 이런 암에 걸릴 짓을 했는가?' 하고 말이에요. 답은 간단해요. '전혀'라는 겁니다."

아리엘이 고개를 끄덕여 승인을 표했다.

"바로 그겁니다. 지금부터는 말입니다, 캐롤. 그런 이유 때문에 당신 인생에서 스스로에게 죄를 씌울 여지를 남겨 두지 마십시오."

그런 다음 그녀는 일련의 새로운 생각을 좇느라 침묵을 지키고 있었다. 최근의 깨달음을 돌이켜보고는, 그녀는 우리 인생에 작용하는 하느님의 특별한 섭리라는 총체적 문제에 대해 거북함을 느끼기 시작했던 것이다. 하느님이 당신 창조물의 법칙에 개입하여 고통을 막으려 하시지 않고, '영혼 만들어 가기'라는 목적에 최상의 수단이라는 이유로 우리를 간난신고(艱難辛苦)로 가득 찬 환경에 방치해 두신다면, 우리 삶 안에 하느님이 현존하신다는 건 또 뭔가? 그분은 다만 우리 고뇌의 수동적 방관자일 뿐인가? 그분은 우리의 일상적 경험들에서 멀리 떨어져 계셔서 우리의 어려운 인생살이를 거의 모르시는 것일까? 하지만 캐롤은 두 번째 꿈에서는 이런 질문들에 대해 어떤 해답도 얻지 못했다. 바로 그 대목에서 깨었기 때문이다. 그 해답들은 세 번째의 마지막 꿈에서 주어졌다. 그것은 한 달 후에 찾아왔다.

꿈 속에서 캐롤은 곁에 아리엘이 있다는 걸 바로 느낄 수 있었다. 그의 빛나는 얼굴을 보지 않고서도 말이다. 애정어린 미소와 함께 그가 말했다.

"안녕하십니까? 지금 여긴 가르두성입니다. 이곳 주민들은 우릴 볼 수 없습니다. 게다가 우린 그들의 내밀한 생각들까지 알아들을 수 있는 특별한 능력을 부여받았습니다. 그러니 잠시 이런 이점을 이용해서 아주 가까이서 주민들을 관찰해 봅시다. 그런 다음 당신에게, 이곳 사람들에게서 어떤 특별한 점을 알아 냈는지 묻겠습니다."

그녀는 아리엘이 제안한 대로 했다. 그녀에겐 아주 길게 느껴진 시간 동안, 캐롤은 가르두 인들의 행동을 연구했다. 잠시 후 그녀는 뭔가에 대해 불안을 느꼈으나 그것이 무엇인지는 알 수 없었다. 고통의 문제에 대해서 그녀가 알아들은 몇 사람의 생각은 무척이나 익숙한 것이었다. 지구에서 그녀 자신이 이따금씩 품었던 것들이었기 때문이다.

하지만 거기서는 때로 그런 생각들을 비판하고 의심했었는데, 여기서는…. 이때 그녀는 갑작스레 어떤 깨달음을 얻었다. 가르두의 그리스도인들은 모두 교회를 위해 일하면 일할수록, 하느님께 삶을 맡기면 맡길수록, 규칙적으로 기도하면 할수록, 자선을 베풀면 베풀수록 불행과 시련을 막아 주시는 하느님의 특별한 은총을 더 많이 입고 있다는 사실을 깨달은 것이었다.

그들 그리스도인들이 갑작스레 죽거나 불구가 되는 사고, 심장 마비, 암이나 결혼의 파탄 등을 당하는 일은 좀처럼 없었다. 게다가 그들은 이러한 특전을 하느님과 특별한 관계를 유지한 데 따르는 정상적이고도 당연한 결과라고 받아들이고 있는 듯했다.

그녀는 마침내 혐오감을 드러내며 아리엘에게 소리쳤다.

"이곳의 그리스도인들은 참 뻔뻔들도 하군요! 이 사람들은 아주 사적인 방식으로, 그러니까 자신들의 다양한 신앙체험들을 통해서만 하느님을 인식하고 있기 때문에, 그분을 자기들이 소유하고 있다고 생각하나 봐요. 그들은 하느님께 특별한 대우를 기대하고 있어요. 거의 자기네 권리로서 그것을 요구하고 있다고요. 마치 하느님께서 당신의 자녀들을 다들 똑같이 한없이 깊이 사랑하시지 않기라도 하시는 것처럼 말이에요."

아리엘은 그녀의 깨달음에 만족해하며 말했다.

"잘 맞히셨어요, 캐롤. 당신은 아주 미묘하지만 또 아주 추한 어떤 것을 알아 냈어요. 그리스도인들이 이런 특권적 상황에 놓였을 때 도출되는 논리적 귀결은 ― 그것은 영원히 다른 사람들의 시선을 결코 벗어날 수 없는 것인데 ― 당연히, 많은 가르두 인들이 고난 예방의 수단으로 그리스도인들이 되었다는 것입니다. 그렇다면 하느님의 순수하고 이해를 떠난 사랑은 어찌 되는 겁니까? 영혼 만들어 가기는 또 어떻고요?"

대답할 필요가 없는 질문이었다. 갑자기 모든 게 분명해졌던 것이다. 그럼에도 그녀 마음 속에는 인간의 삶 안에서의 하느님의 섭리와 관련한 몇 가지 의문점들이 아직도 미적미적 남아 있었다. 그녀는 아리엘에게 물었다.
"그렇다면 말씀인데요. 참새의 추락에 관한 예수님의 말씀을 어떻게 이해해야죠? 하느님께서 재앙을 막아 주시기 위해 우리 일상 생활에 실제로 개입하시는 게 아니라면 말이에요."
"좋은 질문이군요, 친애하는 캐롤. 그것은, 예수님은 하느님의 '인지(認知)' 없이는 참새 한 마리도 땅에 떨어지지 않는다고 하신 것뿐이라는 걸 아셔야 합니다. 그러니, 그분께서 모르고서는 아무것도 당신 창조물들의 삶 안에 일어나지 않는다는 것이죠. 그렇다고 그 말씀이 어떤 일을 일어나지 못하도록 자연의 법칙을 정지시키시리라는 걸 의미하진 않습니다. 참새는 그래도 땅에 떨어지고, 사람들은 여전히 자신들의 인생살이 속에서 자연법칙의 가혹성을 경험합니다. 예를 들면, 그런 법칙들은 못이 예수님의 몸을 뚫고 나무 십자가에 박히던 날에도 멈추지 않았습니다. 순교자 스테파노가 돌을 맞던 때에도, 바오로의 머리에 사형 집행자의 도끼가 찍히던 때에도 그것들은 멈추지 않았습니다. 그 모든 사건 속에서, 하느님께서는 당신께서 창조하신 세계의 물리적 법칙들과 인간 피조물들의 자유, 둘 다를 기대하십니다. 그분은 일들이 일어나도록 그대로 놓아 두십니다. 그리하여, 특히 자연에서 그렇지만, 일들은 대개 통계학적으로 말해 무작위적으로 일어납니다. 그러므로 그분은 당신 창조물들을 대하시는 데 추호의 치우침도 없으십니다."
캐롤은 좀 얼떨떨했다.
"그러시면 하느님의 섭리란 빈말에 지나지 않다는 말씀이세요? 그럼 도대체 하느님은 어디에 계시는 겁니까?"
아리엘은 한숨을 쉬었다.

"음, 바로 욥의 질문이로군요. 그리고 십자가 위에서 예수님이 하신 질문은 '나의 하느님, 나의 하느님, 어찌하여 나를 버리셨습니까?'였습니다. 하지만, 뒤에 안 사실이지만 하느님께서는 이 두 경우 모두 결코 멀리 계시지 않았습니다. 그분은 결국 욥의 재산을 되찾아 주셨을 뿐 아니라, 그것도 두 배로 만들어 주셨고, 예수님을 죽은 자들 가운데서 부활하게 하셨습니다. 마찬가지로 당신의 고통받는 자녀들의 삶 안에도 당신은 현존하고 계십니다. 그분의 현존이 항상 느껴지는 건 아니지만 말입니다. 하지만 그것은 믿음을 통해 인식되며, 그런 인식은 진정 커다란 위안이지요. 그리고 그러한 위안은, 시련의 시기에는 아무리 사소하게 보인다 하더라도 영혼을 만들어 가는 과정의 한 부분입니다. 하느님을 믿는 방법을 익히면 그분 가까이로 다가갈 수 있습니다. 친애하는 캐롤, 영혼을 만들어 가는 데에는 그분과 하나 되는 것보다 더 나은 것은 없습니다. 고통을 통해 이를 성취한 사람은 그래서 고통이야말로 비할 데 없이 유용하다는 것을 압니다."

세 번째 꿈을 꾸고 깨어난 캐롤은 마음이 참 편안했다. 물론 암은 여전히 그녀 내부를 갉아 먹고 있었고, 그녀도 그걸 느낄 수 있었다. 하지만 어쨌든 그런 사실이 그녀를 그리 심하게 괴롭히진 않았다. 이제 그녀는, 중요한 건 우리에게 어떤 일이 일어나느냐가 아니라, 일어나는 일에 우리가 대응하는 방법이라는 것을 이해했다. 영혼 만들어 가기는, 좋은 시절은 감사히 받아들이고 어려운 시절은 꿋꿋이 이겨내는 데서 이루어진다. 즉 하느님의 사랑을 믿는 데서 성취되는 것이다. 모든 것을, 고통과 죽음까지도 우리의 이익으로 돌려 놓을 수 있는 것이 사랑이니까 말이다.

캐롤은 암이 나았을가? 그것으로 인해 죽었을까?

이런 질문들은 거의 부적절한 것들이다. 일단 우리가 영혼을 만들어 가는 과정을 이해한 이상에는 말이다. 그러나 순전히 기록을 위해서지만 그녀의 암은 요 몇 년 사이에 많이 나았다고 말해 두자. 좋은 소식인가? 그럴지도 모른다. 하지만 가장 좋은 소식은 그녀가 하루하루를 있는 그대로 받아들이고 있다는 것이다. 하느님이 보내신 순수한 선물로, 영혼 만들어 가기의 또 하나의 기회로.

9
신비의 순간

"이 세상에서 비할 데 없이 아름다운 것은 사건을 통해 다가오는, 우리를 위한 그리스도의 애정어린 미소이다."

시몬 베이유 「하느님을 섬기며」

"하느님의 가슴에서는, 실재의 중심에서는 기쁨이 끓어올라 넘칩니다. 하느님은 기쁨이 넘치는 샘이시요, 기쁨이 폭발하는 화산이시며, 기쁨이 타오르는 1조 개의 태양이십니다. 그 원천에서 그 한 방울만 건드려도 우리 가슴을 산산이 조각 낼 그런 기쁨 말입니다. 그분은 우리가 인간적 사랑 속에서 그것을 맛볼 때는 언제나, 혹은 그것의 그림자들을 자연에서 가장 아름다운 것들로 인식하게 될 때는 언제나, 혹은 위대한 음악 속에서 그것의 건 메아리를 들을 때는 언제나, 사랑과 그리움으로 우리 가슴을 조각 내는 그런 기쁨이십니다."

피터 크리프트, 「천국에 대해 항상 알고 싶었던, 그러면서도 물어 볼 엄두를 못 냈던 모든 것」

신비의 순간

그날 아침은 결코 잊지 못할 것이다. 하지만 그 일은 근 40년 전에 일어났었다. 아니, 그건 일어난 게 아니고 그냥 있었다. 사실 아무 일도 일어나지 않았으니까. 적어도 작가들이 이야기할 만한 어떤 사건도, 사고도, 움직임도 없었다. 그리고 그것이 바로, 일반적 의미에서는 실제로 아무것도 '일어나지' 않았지만, 내겐 그토록 영원한 인상을 남긴 비(非)사건을 기술하는 데의 어려움이다.

나는 큰 호수 한가운데 위치한 한 섬에서 열린 고등학교 남학생 여름 캠프에서 일하고 있었다. 호수는 온타리오 주 북부에 있었는데 그곳에서는 길이가 15킬로미터 내지 20킬로미터에 달하는 호수들을 쉽게 발견할 수 있었다. 이 특별한 호수의 크기는 기억이 안 나고 이름도 모르겠다. 하지만 우리 캠프가 설치된 그 섬까지 가려면 쾌속 모터 보트로도 30분은 충분히 소요되었던 걸 기억한다. 사실, 우린 맑은 날씨라야 겨우 맞은 편 호안선(湖岸線)을 분간할 수 있었다. 하지만 여름날 아침은 안개가 끼기 십상이어서, 그럴 땐 당연히 호안선을 볼 수 없었고, 우린 바다 한가운데 있는 듯한 인상을 받는 것이었다.

우리가 캠프를 연 때는, 내 기억이 맞다면 6월 말이거나 7월 초였다. 어쨌든 날씨는 쾌청했고 아침은 기분 좋을 정도로 서늘하거나 한기가 느껴지기까지 했다. 일출 무렵 모터보트로 속도를 내기라도 할 양이면 따뜻한 스웨터를 입어야 했다.

그 여름 캠프 동안 나는 주(主)진행자의 오른팔 노릇을 했는데, 나의 많은 임무 중 하나로, 2, 3일마다 뭍에 있는 잡화점에 가서 여러 가지 물품들을 가져오는 일이 있었다. 그날 아침도 나는 섬 관리인과 함께 몇 가지 물품을 구하러 뭍으로 나갔는데, 내 일생에서 가장 못 잊을 순간을 경험한 것은 우리가 돌아오는 도중, 그러니까 섬 쪽으로 모터보트를 몰아 대고 있을 때였다.

내 동행자가 키를 잡았으므로 나는 경치를 감탄하며 구경하는 것 외엔 할 일이 없었다. 이때는 안개가 상당히 짙어서 먼 곳의 호안은 보이지 않았고, 우리 섬의 윤곽도 그것이 아득한 수평선 위로 나타났을 때에야 겨우 분간할 수 있었다. 눈길이 닿는 모든 것이, 숨 죽인 회색의 조화 속에 감싸여 있었다. 아, 저 회색들의 현란함이라니! 회색에 그토록 많은 농담(濃淡)과 색조가 있으리라 생각하는 사람은 하나도 없을 것이었다. 호수와 뭍과 섬의 전경이, 서로서로 미묘하게 녹아 들어 믿을 수 없을 정도로 아름답게 경치를 살려 주는 회색 색조들의 베일에 싸여 있었다. 이 모든 것을 두루 아우르며 떠오르는 태양이 아직 보이지는 않았지만, 내부로부터 풍경을 변화시키면서 모든 형체를 우아하게 광휘 속에 감싸기 시작했다.

나와 동반자는 모터보트 소음 탓에 이야기를 할 수 없었다. 그것은 그 특별한 날 아침의 또 하나의 행운이었다. 조그만 보트 안에 두 여행자라는 특별한 친밀감을 누리면서도 생각만큼은 얼마간 따로 할 수 있었기 때문이다. 이 침묵은 모터의 소음도 깨뜨릴 수 없었다. 그것은 마음을 자유로이 움직이게 하는 일종의 진공 상태가 되게 하는, 한결같고도 단조로운 음향이었던 것이다.

아마도 내가 지금도 생생하게 기억하고 있는 그 특별한 마음 상태를 불러일으킨 것은 이 모든 상황의 결합이었을 것이다. 그 때 내가 경험한 것은 어떤 지적 통찰이나 특이한 정신적 발견이라기보다는 어떤 마음의 상태였음에 틀림없다. 달리는 보트 위에서 내 눈앞에 펼쳐지는 외경스런 아름다움을 보면서, 그리고 보트의 진동에 따라 전달되는 운동감과 호수의 광활함에 따라 조성된 정지감을 동시에 누리면서, 나는 갑작스레 거대한 행복의 파도가 내 전 존재를 삼켜 버리는 듯한 느낌을 받았다. 왜일까? 나는 몰랐다. 다만 섬광처럼 모든 것이 '합당'하며, 모든 것이 완성 직전에 있는 듯한 어떤 감추어진 우주적 계획과 조화를 이루고 있다는 것을 깨달았을 뿐. 이토록이나 영혼을 뒤흔드는 순간을 말로 표현하기란 거의 불가능하다는 걸 안다. 하지만 그 비슷한 경험을 해본 사람이라면 내가 말하고 싶은 게 무엇인지 이해할 것이다.

이러한 지고(至高)의 체험은 모두 본질상 '신앙적' 체험일까? 나는 그 질문에 대답할 수는 없다. 하지만 나는, 내가 기술하고 있는 이 특별한 체험의 그 모든 것이 신앙적이었으며, 하느님에 대해 말하고 있었다는 것은 알고 있다. 그것은 마치 내가 갑작스레 아주 엷은 베일을 통해, 우주적 아름다움을 간직한 베일을 통해 하느님을 뵙고 있는 것 같았다. 그리고 내가 영혼의 눈으로 뵈온 하느님은 미소를 짓고 계셨다!

누군가 '우주의 노출'의 예들을 기록한 바 있다. 그것들은 어떤 풍경이나 사람과 같은 여태까지 친숙했던 어떤 것의 중심에서 뜻밖의 깊이를 지닌 어떤 것을 갑작스레 발견하는 그런 순간들이다. 그 어떤 것은 한동안은 아주 평범하게 보인다. 그런 다음엔 섬광처럼 그 아름다움으로, 그 의미로, 그 깊이로 사람을 사로잡는 것이다. 그것은 말하자면 사물이 투명해지는 그런 순간들이며, 그럴 땐 그것을 심층에서, 그러니까 의미로 가득 찬 중심을 향해 점점 더 깊이 들여다볼 수 있는 은총을 입는 것이다.

물론 나는 전에도 여러 번 섬과 호수의 풍경을 보았다. 하지만 갑작스레 새로운 눈으로 그것을 본 것이다. 마치 그것이 지닌 의미의 깊이를 처음 알게 된 것처럼 말이다.

그리고 내가 섬광과도 같은 무언의 영광 속에서 본 것은 풍경을 관통하며 빛나는 하느님의 미소 같은 것이었다. 그리고 그 미소는 그 짧은 순간에 내게, 내가 물리적 현상 바로 저편에서 나를 기다리고 있는 보이지 않는 본향 쪽으로 회심했음을 확신시켜 주었다. 본향은 나만 기다리는 게 아니고 보트에 같이 타고 있는 동행자, 캠프의 소년들도, 나의 모든 친척과 친구들도, 모든 인간도, 아니 그뿐만 아니라, 참으로 신비스럽게도 모든 볼 수 있는 세계와 함께 풍경 그 자체까지도 기다리고 있었다. 마치 우리 모두가 기쁨을 향해 가는 여행에 동참하고 있는 것처럼.

그렇게 해서 나는 짧으나마 잊을 수 없는 순간 동안 인간의 마음으로 하여금 앞에 놓여 있는 것, 그러니까 이른바 행복이라는 것을 끊임없이 추구하도록 충동하는 것이 무엇인지 분별할 기회를 부여받았던 것이다. 한데 그런 행복이야말로, 내가 지극히 명쾌하게 파악하였던 바, 다름 아닌 바로 하느님이셨다.

그 우주 노출의 순간 이후 40년이 흘렀다. 그 이래로 더 많은 그런 순간들이, 흔치는 않았지만 똑같이 특별한 힘을 지닌 채 내게 주어졌다. 그리고 그 세월에 걸쳐 내가 듣거나 읽은 바로는, 사실상 모든 사람이 인생이라는 노정의 이 구비 아니면 저 구비에서 비슷한 계시들을 받는 것 같다. 감히 그것들을 설명하는 사람은 거의 없지만 말이다. 그것은 아마 자기가 신성하게 여기는 것을 존중해서일 것이다. 그럼에도 불구하고 이 모든 황홀한 에피소드들은 다른 사람과 공유되든, 한 사람의 가슴 속에 묻히든, 근본적으로는 어떤 낙원에 대해 말해 주고, 어떤 환희를 약속해 주며, 우리의 메마른 상상력을 넘치도록 채워 줄 어떤 원인을 제시해 준다.

그런 순간들은 아마 무한히 먼 목표에 대한 모호하고 덧없는 암시들에 불과할지도 모른다. 하지만 그것들은 우리의 여행을, 단순한 여행을 넘어서 하나의 순례로 만들기에 충분하다.

10
두 개의 일기

"종교란 모름지기…. 공포를 극복하고 싶어한다.
우리는 진정한 종교와 사이비를 구별할 수 있다.
부정적 동기에 대처하는 그들의 방식을 대조해 봄으로써.
사람을 미혹하는 종교의 좌우명은 이것이다.
'두려워 말라.
하느님을 믿으면 그분께서, 그대가 두려워하는 아무것도
그대에게 일어나지 않게 해주실 것이니.'
반면에 진정한 종교의 좌우명은 이것이다.
'두려워 말라.
그대가 두려워하고 있는 것들은 다반사로
그대에게 일어날 수 있겠지만 두려워할 게 못 되니.'"

존 맥머레이, 윌리엄 A. 배리의 「삶의 선택―생명의 길로의 귀의」

두 개의 일기

기장의 목소리가 확성기를 통해 울려 나왔다.
"신사 숙녀 여러분, 내장 연료에 뭔가 이상이 있는 것 같습니다. 이유는 잘 모르겠지만 아마 연료 탱크가 새지 않나 생각됩니다만, 연료량이 급속히 줄어 들고 있습니다. 이 상태로 가다간 한 시간 이내에 이 지역 어딘가에 착륙해야 합니다."
잠시 말이 끊겼다. 기장은 승객들에게 이 소식을 받아들일 시간을 확보해 주고 싶어하는 것 같았다.
"절망할 이유는 전혀 없습니다. 그렇더라도 말입니다. 다시 말씀드리지만, 절망할 이유는 조금도 없습니다. 현재 안데스 산맥 상공을 날고 있지만, 필요한 경우 우리는 착륙할 만한 계곡을 쉽게 찾을 수 있을 겁니다. 잠시 승무원들의 지시를 따라 주십시오. 가장 확실하게 안전을 도모하는 방법을 여러분께 일러 줄 것입니다. 저희 쪽에서는 부기장과 제가 연료 문제를 해결하는 데 최선을 다하겠습니다. 15분 간격으로, 정규적으로 상황을 알려 드리겠습니다. 어떤 경우에도 냉정을 잃지 마십시오. 최선을 기대합시다. 감사합니다."
 이 말을 끝으로 '뚝' 하고 확성기가 꺼졌다.
 매들린 페에지와 비비안 카슨은 놀라움을 감추지 못한 채 서로 쳐다보았다. 이 예기치 않은 사태의 발전은 그들의 계획엔 결코 들어 있지 않은 것이었다. 30대 중반의 이 두 고등학교 친구는 어딘가 이국적인 세계를 함께 여행하길 오랫동안 꿈꾸어 왔다. 하지만 인생에서는 흔히 공교로운 일이 일어나듯, 무슨 일인가가 항상 그들의 꿈을 실현하는 것을 방해했다. 매들린은 간호사로, 비비안은 사무 비서로 우선은 생계비를 벌어야 했다. 그 다음엔 결혼을 해서 아이들을 (비비안은 딸애 하나를, 매들린은 사내애 둘을) 길러야 했고, 그러고 나선 중단했던 직장 생활을 재개해야 했다. 한데 몇 주 전에 기회가 왔다. 비비안이 텔레비전 퀴즈 프로그램에서 우승해서 페루와 그곳의 매혹적인 잉카 유적지를 일주일 동안 여행할 수 있는 2인용 티켓을 따냈던 것이다.
 남편이 건축일 때문에 그녀와 동행할 수 없었으므로 그녀는 가장 친한 친구 매들린을 초대했다. 매들린은 비비안의 초대를 선뜻 받아들일 수 없었다. 십대인 두 아들이 아직 학생인데다 남편은 요사이 건강이 썩 좋지 않았기 때문이다. 그런데 매들린의 가족들은 두 주 동안은 알아서들 지낼 수 있다고 고집하며 재고할 틈도 주지 않고 그녀를 공항으로 내쫓았다. 그 여행은 대단히 만족스러운 것이었기에 두 젊은 여인은 무척 기쁜 마음으로 집으로 돌아가고 있는 중이었다. 기장의 안내 방송이 유쾌한 기분을 망쳐 놓았을 때 그들은 일기 쓰는 데 몰두하고 있었다. 항상 유능한 사무 비서인 비비안이 먼저 반응을 나타냈다.

"맙소사, 우린 이제 어떡하면 좋지?"

그녀가 두려운 기색이 역력한 목소리로 메들린에게 물었다.

다른 승객들도 모두 비슷한 질문을 서로들 주고받았다. 그들은 분명 갑작스런 사태 변화로 인해 마음 깊이 동요하고 있었다. 누구라서 그렇지 않겠는가?

간호사인 매들린은 위기나 위험한 고비들이 낯설지 않았다. 근무 과정에서 빈번히 죽음을 보아 왔으며, 최근에만도 부모가 모두 자동차 사고로 사망하는 시련에 직면해야 했던 것이다. 되도록 침착하게 그녀가 말했다.

"우리 이렇게 해보자. 우린 일기를 계속 쓰는 거야."

"이런 경황에?"

못 미더워하며 비비안이 이의를 달았다.

"왜 안 돼. 비비안? 결국 우린 상황을 바꿀 순 없어. 이미 우리 능력으로는 어쩔 수 없단 말이야. 게다가 기장의 다음 방송을 들으려면 아직 십오분이나 남았는걸. 겁먹고 불안해하지 말고 정신을 일기 쓰는 데 집중하는 게 좋을 거야. 거기다 다른 승객들도 우리가 조용히 글을 쓰고 있는 걸 보면 냉정을 유지하는 데 도움을 줄 거야. 그 밖에 달리 뭘 할 수 있지?"

"맙소사, 매들린. 기도를 할 수 있잖아!"

비비안은 거의 악을 썼다.

"물론 기도해야지. 하지만 그걸 일기장에 쓰면 돼. 그럼 일석이조가 될 거야, 안 그래?"

비비안은 친구의 제안이 현명함을 알았다. 허나 섭리에 대한 자기만의 독특한 이해 방식과 자신의 지나치게 활동적인 기질에 이끌린 그녀는 차라리 벌떡 일어나서 등승자들에게 기적을 바라고 기도하자고 설득하고 싶었다. 무슨 일이든, 그것이 얼마나 절망적이든 기도를 통해 해결될 수 있다고 충심으로 믿고 있었기 때문이다. 모든 건 믿음에 달렸다고 그녀는 말하곤 했다. 진정으로 굳게 믿으면 바라는 걸 항상 얻을 수 있을 것이다. 그러나 위험은 아직 멀리 있는 것 같았으므로(한 시간이면 많은 일이 일어날 수 있다고 그녀는 자신을 일깨웠다.) 그녀는 매들린의 기분을 생각해서 당분간은 그녀의 충고에 따르기로 했다. 그녀는 마지못해 동의했다.
"좋아, 우선은 네 말대로 하자."
그렇게 해서 둘은 다시 일기 쓰기를 시작했지만, 당연히 마음 한 자락은 주변에서 벌어지는 사태에 쏠리고 있었다.
비비안이 일기장에 쓴 기도는, 자신이 두려워하고 있는 일이 아무것도 일어나지 않도록 하느님을 믿자고 하는 길고도 열정적인 자기 권고였다. 그녀는 일기를 써감에 따라 점점 더 확실히 모든 것이 잘 풀릴 것이라 믿게 되었다.
그녀는 이렇게 썼다.
"오, 주님. 주님은 순수 사랑이시고 전능하십니다. 주님께서 이런 상황에 강력히 개입하시는 건 쉬운 일입니다. 연료 탱크가 새는 걸 막으실 수도, 연료를 더 오래 가게 하실 수도, 비행기를 주님의 강풍에 실어 연료 없이 날 수 있게도, 주님이 선택하신 푸른 계곡에 저희를 안착시키실 수도, 그도 아니면 다른 어떤 여하한 방법으로든 저희를 위험에서 구하실 수 있습니다. 당신은 순수한 믿음에서 나온 겸손한 간청을 거절하실 수 없으실 겁니다. 자비로 이 저희를 굽어 살피시옵소서, 주님. 저희에게 산을 옮기는 믿음을 주소서. 저희가 간구하는 기적을 행하소서."

여기서 그녀는 쓰는 걸 중단했다.
"기적을 믿니?"
그녀는 친구에게 물었다.
매들린은 자기 일기를 쓰는 데 몰두해 있었으므로 이 뜻밖의 질문에 깜짝 놀랐다.
"뭐…. 뭐라고? 아, 기적! 그래, 기적은 일어날 수 있다고 생각해. 하지만 거기에 기대지는 않아."
비비안이 맞섰다.
"왜지? 믿는 이유가 바로 그것 아니겠어?"
매들린은 저도 모르게 웃음이 났다. 친구가 항상 선호하던, 그리스도교에 대한 저만의 독특한 정의를 다시 한 번 확인한 때문이었다.
"음, 지금은 그것에 대해서 다투지 말자, 됐니? 물론 우리는 항상 기적을 간청할 수 있고 그것이 일어나길 바랄 수 있지. 나는 다만 기적에 의존해서는 안 된다는 것뿐이야. 왜냐고? 하느님은 십중팔구, 자연 법칙들이 제 갈 길을 따르도록 놓아 두실 테니까. 결국 위험의 기미만 보여도 하느님께서 중력이나 뭐 그런 모든 것에 끊임없이 관여하신다면, 우리가 의지할 만한 적당한 세계는 없는 셈이 될 거야, 안 그래? 게다가 만일 하느님께서 위험과 죽음으로부터 우리를 잡아채어 구해 주시기 위해 항상 대기하고 계신다면, 우린 이것들이 세상에서 가장 무서운 일들이라고 생각하도록 어지간히 유혹을 당할 거야."
"그럼, 그렇지 않니?"
친구의 초연한 냉정이 믿기지 않는 듯 비비안이 물었다.
매들린은 달래는 듯한 태도로 손을 뻗어 비비안의 손 위에

놓았다. 이 중대한 고비에 친구에게 빈감을 사고 싶은 생각은 추호도 없었다. 그녀는 부드럽게 대답했다.

"그렇지 않고말고. 네가 정말로 하느님과의 멋진 생활이 죽음 저 너머에서 우릴 기다리고 있다고 믿는다면, 죽음은 한갓 뭔가 훨씬 더 나은 것으로 옮아 가는 과도기로만 보일 거야. 게다가 육체의 죽음이란 것은 확실히, 죄로 인해 하느님과의 친밀성을 상실하는 것보다는 훨씬 덜 고통스러워, 안 그래?"

당연히 그런 관점에서 본다면 결코 죽음을 궁극의 악으로 볼 수는 없었으므로, 비비안은 친구가 옳다는 것을 인정해야 했다. 하지만 그런 고찰은 임박한 신체의 위험에 직면해서는 너무나 동떨어지고 비현실적인 것으로 보였다.

"그래, 그러니까…. 어쨌든 넌 내가 원하는 걸 빌어 봐. 뭐든 말이야. 난 기적을 빌 거야. 혹시 아니? 이 궁지에서 벗어나면 내게 감사하게 될지."

둘은 깔깔 웃고는 일기를 다시 쓰기 시작했다. 매들린은 쓰기보다는 추억에 잠기며 생각하는 데 더 많은 시간을 할애했다. 지난날 언젠가, 아마 부모가 돌아가셨을 때나 병원생활 중, 특히 어려웠던 시기였을 것이다. 그녀는 죽음을 정면으로 응시하고는 그것을 자기 삶의 한 부분으로 받아들였다. 그녀는 죽음이 묘하게도 사람에게 해방감을 준다는 것을 알았다. 마치 자신의 삶이 죽음에 의해 확정되어 이젠 더 이상 죽음의 공포나 그것의 불가피성을 부인하는 데 정력을 허비하지 않아도 될 것처럼 말이다. 죽음과 화해함으로써 얻게 된 놀라운 결과는 옛부터 전해 내려온 역설, 즉 죽음을 우리 삶에서 배제할 때는 우리는 온전한 삶을 살 수 없으며, 죽음을 우리 삶 속에 받아들임으로써 삶을 확장하고 풍요롭게 한다는 역설의 발견이었다.

이런 생각을 매들린은 일기에 두서없이 적었다. 마침내 그녀는 자신의 마음 상태를 이 마지막 글로 압축할 수 있었다.

"주님, 주님의 은혜로 전 지금 두렵지 않습니다. 그 은혜에 감사드립니다. 우리가 추락하지 않고 모두들 살 거라고 생각해서가 아닙니다. 아마 그 반대일 테니까요. 죽음이 두렵지 않은 것은, 추락과 죽음이란 두려워할 게 못되기 때문입니다. 그땐 주님께서도 함께 계실 거니까요. 그때 우리는 본향으로 주님께 갈 뿐이겠죠, 그렇죠?"

그들은 둘 다 확성기에서 기장의 목소리가 들리자 쓰기를 중단했다. 그는 승객들에게 상황이 호전되지 않아, 뜻밖의 행운이 찾아오지 않는다면 30분 내에 비상착륙을 시도해야 할 공산이 크다고 알리고 있었다.

이 안내방송이 비비안을 분발시켰다. 조용히 있으라는 매들린의 충고에는 더 이상 귀 기울이지 않고, 그녀는 좌석에서 튀듯이 일어나 비행기 안을 여기저기 뛰어다니며 소리치기 시작했다.

"기적을 위해 기도합시다! 하느님은 우리를 구하실 수 있습니다. 그것은 오직 믿음에 달려 있습니다! 그분께 외칩시다! 그분은 우릴 구해 주실 겁니다. 저는 알아요, 안다고요!"

그녀는 하느님이 당신의 오묘한 권능을 그들에게 보여 주실 준비를 하고 계시리라는 확신으로 거의 환호하다시피 했다.

많은 승객들은, 비비안 같은 사람이 자기들의 점점 증가하는 무력감을 떨쳐내 주기를 기다리고 있을 뿐이었다. 믿음이 충분히 강하기만 하면 기적이 곧 일어날 거르는, 이 젊은 여인의 금방 전염하기 쉬운 확신에서 기운을 얻은 몇 사람은 큰 소리로 기도하기 시작했다.
 다른 사람들은 조용히 기도했다. 어쨌든 이미 수많은 눈들이 하느님이 의심할 여지 없이 자기들을 위해 행하실 신비한 구원에 대한 기대로 반짝이고 있었다. 한 30분 후 실제로 비행기가 추락하게 되었을 때, 그들 속기 잘하는 눈들이 표현하고 있는 마지막 것은 충격이었다. 하느님이 그토록이나 강한 믿음의 기도를 저버리신 데서 느끼는 충격이었을까? 아무도, 결코 아무도 추락의 충격과 죽음의 소멸 사이의 마지막 순간에 승객들의 마음 속에 무슨 생각이 일었는지는 알 수 없을 것이다.
 하지만 며칠 후, 추락한 비행기의 잔해 속에서 비비안과 매들린의 일기가 발견됨으로써, 그것들의 마지막 기록을 읽은 사람들은 최소한 젊은 두 여인만큼은, 그들이 죽음이라는 현실에 직면했을 때 그들 마음 속에 일었던 생각들을 짐작해 볼 수 있었다.
 비비안의 경우, 사람들은 냉담하게 보이는 하느님의 마음에 대해 느끼는 두려움과 실망과 비통함의 기묘한 혼합이었음에 틀림없다고 추측했다. 하지만 매들린의 경우, 그것이 하느님의 자애로운 포옹을 예감하는 데서 오는 평화와 행복한 기대감의 혼합이었음에 틀림없다고 추측했다.

11
얼굴 없는 남자

"그러면 임금은 '분명히 말한다. 너희가 여기 있는 형제 중에 가장 보잘것 없는 하나에게 해준 것이 바로 나에게 해준 것이다.' 하고 말할 것이다."

마태 25,40

"힘이 저에게 훨씬 못 미치는 사람을 동등하게 대우하는 사람은 진정 운명이 인간 존재에게서 앗아가 버린, 인간의 특성라는 선물을 하는 것이다. 그것이 한 창조물에게 가능한 한, 그는 창조주의 그들에 대한 원초적 관대성을 재현하는 것이다."

시몬 베이유,「하느님을 섬기며」

"불행한 사람들은, 자신들에게 관심을 보여줄 수 있는 사람들 외에는 이 세상에서 필요한 것이 아무것도 없다."

시몬 베이유,「하느님을 섬기며」

얼굴 없는 남자

"여보시오, 형제님! 한 푼만 적선합쇼. 커피 한 잔 하고 도 넛 하나 사 먹게요."

앤드루스 씨는 두꺼운 두 개의 안경알을 통해, 그에게 다가오는 사내를 응시했다. 그는 생각했다.

'이상하다! 이 양반은 처음 보는걸. 이 동네 사람들은 내가 다 아는데.'

이 동네란 브래드쇼 시의 지저분하고 후줄그레한 부분이며, 라모어 지구에 사는 그 도시 상류층 사람들이 '궤도 저편'이라고 부르는 지역인 랜딩 지구를 두고 하는 말이다. 낡은 전차 궤도의 잔해가 이 두 지역을 구분짓고 있었다. 앤드루스 씨는 속으로 혼자말을 계속했다.

'하여튼 이 사내는 정말 모르겠어. 랜딩 지구라면 내가 은퇴한 후 사년 동안을 매일 구석구석까지 산보하고 다니지 않았던가.'

제임스 앤드루스는 퇴직한 회계원이었다.

"저, 뭐라고 하셨어요?"

보도 가장자리에 선 거지가 당황하여 눈길을 돌리며 물었다. 잃어버린 품위의 흔적을 아직도 상당 부분 간직하고 있는 모습이었다.

앤드루스 씨는 마음씨 좋은 사람이었다. 그는 한평생을 이류 회사에서 하찮은 이류 업무를 보면서 보냈으므로 이 세상의 작은 이들을 동정할 수 있었다. 그는 돈을 꺼내려 호주머니 속에 손을 넣으면서 그 거지를 천천히 살펴보았다.

앞에 서 있는 사내는 꾀죄죄한 옷을 걸치고 2,3일은 면도하지 않은 듯이 수염을 기르고 있었다. 나이는 50대로 보였고, 그리 오래지 않은 과거에 잘 살았음직한 사람이 꼿꼿한 자세로 걷고 있었다. 아마 술이나 마약이 그를 이 지경으로 만들었을 것이다. 아니면 신경쇠약을 수반하는 파멸적인 도산이? 앤드루스 씨의 마음은 자기 운명을 원망하는 사람들에게 늘 열려 있었다.

"이름이 뭐요?"

그는 1달러짜리 지폐를 건네면서 온화한 목소리로 물었다. 거지는 이 질문에 놀랐다. 사람들이 그를 쳐다보는 건 지극히 드문 일이었고, 그를 불쌍히 여겨 동냥을 주는 사람들도 마찬가지였는데, 하물며 한 사람으로서 그에게 말을 건네는 일이야 말할 것도 없었기 때문이다. 실제로 그는 얼굴이 없는 사내였던 것이다.

"사람들은 때로 저를 조라고 부릅죠."

한참이나 머뭇거리다가 마침내 그가 대답했다.

"그래요? 하지만 당신 이름을 말해 주시오."

이번에는 거지가 앤드루스 씨를 슬쩍 쳐다보았다. 곁눈질이었으나 이 늙은 회계원의 눈에 빛나고 있는 진지한 관심을 읽어 내기에는 충분한 짬이었다.
"포텁니다. 알렉산더 포터. 그냥 알렉스나 알이라고 부르십쇼."

앤드루스 씨는 사람들을 세례명으로 부르는 일이 좀처럼 없었는데, 부하 직원들이나 노무자들, 집안의 고용인을 부를 땐 특히나 그랬다. 세례명으로 부른다는 것은 그들에게 선심 쓰는 체하는 미묘한 방식이라고 생각했던 것이다. 그리고 그는 분명, 앞에 서 있는 거지에게 선심 쓰는 체하고 싶은 마음은 없었다. 그는 자연스런 인사로 정중하게 손을 내밀었다.

"좋아요, 포터 씨. 나는 제임스 앤드루스요. 시간이 남아도는 퇴직 회계원이라오. 매일 오후에는 대개 이 동네를 산보해요. 한데도 전에는 당신을 본 적이 없는 것 같구려. 브래드쇼에선 오래 살았소?"

이어진 대화에서 앤드루스 씨는 그 거지가 이 도시에 이제 막 도착했으며(그는 이 사내가 완전히 무일푼이 되자 훌쩍 기차에 뛰어올랐을 거라고 생각했다.), 그 해 겨울을 보낼 남부로 가는 길이라는 것을 알았다. 브래드쇼에서는 2, 3주만 머무를 예정이었다.

"그 정도면 한숨은 돌릴 시간입죠."

그 사내가 설명했다. 거지가 이제는 가서 도넛을 먹고 커피를 마시고 싶어하리라 생각한 회계원은(때는 꽤나 쌀쌀한, 이슬비 내리는 10월의 하루였던 것이다.) 곧 대화를 끝냈다.

"그건 그렇고, 포터 씨, 당신은 이 동네엔 처음 왔으니 값싼 간이식을 드시려거든 패트 간이 식당엘 가 보시오. 깨끗하고 서비스도 최고라오. 다시 뵙길 바라겠소."

그러고는 그의 동냥과 친절로 인해 기운을 차린 거지를 혼자 두고 그는 그곳을 떠났다.

 이후 몇 주 동안 두 사람은 거리에서 자주 만났으며, 그럴 때면 앤드루스 씨는 변함 없이 똑같은 관심으로 거지를 대했다. 항상 "포터 씨."라고 불렀으며 정중한 태도로 말을 건넸고 후한 적선을 했다.

 불행히도 그는 이러한 예외의 사람이었다. 그런 경우 대개 그렇듯이, 알렉산더 포터는 대부분의 브래드쇼 주민들에겐 한 거지에 지나지 않았으며, 사회의 폐물이라는 그들의 처지 때문에 다른 사람들의 눈총을 받는 일도 좀처럼 없는, 얼굴 없는 사람들 중 하나였다.

 주의 깊게 그를 바라보는 행인도 거의 없었고, 그에게 말을 건네거나 존중하는 기색을 보이는 사람은 말할 것도 없었다.

 그러나 앤드루스 씨 외에 각별한 관심을 갖고 그를 대하는 사람이 세 사람 더 있었다.

 한 사람은 스티븐스 신부로, 성골롬반회 교구 사제였다. 그는 종종 사제관으로 거지를 초대해 커피며 간식을 제공하고 방문객들을 맞는 짬짬이 그와 이야기 나누길 좋아했다. 불행히도 신부는 항상 너무 바빴는데, 그건 그가 청년회관 건립 기금을 마련하기 위해 노심초사 애를 쓰고 있기 때문이었다. 그러나 결과는 그리 신통치 않은 듯했다. 하지만 그는 사정이 허락할 때는 언제고 가난한 사람들과 함께할 시간을 꼭 냈다.

 다음은 마지 엘러리로, 그 거지가 거의 매일 가서 얼마간의 도넛이며 커피를 먹는 패트 간이 식당에서 일하는 열일곱 살 난 소녀였다. 마지는 쾌활한 아이였는데, 그녀는 부자건 가난한 사람이건 똑같이 환한 미소로 맞이했다. 그녀는 항상 거지에게 상냥한 말과 미소를 건넸는데, 이런 태도는 주문을 받을 때나 까다로운 손님들을 접대하느라 고된 일을 할 때에도 변함이 없었다.

마지막으로 폴린 세노포스키 여사인데, 학교 갈 나이의 두 아이가 딸린 과부였다. 그녀는 「오늘의 지구」라는 지방 신문에서 타자수로 일하고 있었다. 그녀 또한 거지에게 늘 친절했다. 그리고 그들이 만날 때 그녀의 아이들이 함께 있는 날이면, 그 애들은 자기 엄마에게 하는 것과 똑같은 예를 그에게도 갖추었다.

거지에게 말을 건네고 그의 질문에 대답할 때는 시종일관 "네, 아저씨." 또는 "아닙니다, 아저씨."라고 했다.

어머니가 그 애들에게 겉모습이나 사회적 지위는 염두에 두지 말라고 가르쳤음에 틀림없었다. 그녀는 종종 그들에게 말하곤 했다.

"사람은 누구나 다 같단다. 모두 다 하느님의 자녀들이니까 우리는 그들을 다 똑같이 존중해야 한단다."

이러한 그녀의 견해는 최소한 실제적으로 브래드쇼 주민들 일반에게 공유되지 못했다. 대체로 보아, 그 거지는 그 도시에서 한 달 이상을 지냈는데도, 대부분의 사람들에게는 그저 단순한 거지였으며, 지나는 눈길 이상은 좀처럼 받지 못하는 사람이었다. 따라서 그들의 기억 속에 그는 얼굴 없는 사람으로 남아 있었다.

다행히 그것은 앤드루스 씨와 스티븐스 신부, 마지 엘러리와 세노프스키 여사에게는 해당되지 않는 말이었다. 게다가 그들은 남은 일생 동안 그 거지의 얼굴을 기억할 또 하나의 이유를 가지게 되었다. 그 어떤 사건은 네 사람 모두에게 인생의 전환점이 되었던 것이다.

그 해 11월 4일, 그들은 각자 다음 일요일에 '홀리데이 인 호텔 오벌 라운지에서의 정감어린 식사'에 왕림해 주시기 바란다는 정중한 초대장을 우편으로 받았다. 그 초대장은 무척 비싼 것이었다. 수신인 주소가 친필로 기재되어 있었는데, 카드 한복판엔 수신인의 이름이 금으로 새겨져 있었다. 그러니 분명, 어느 짓궂은 친구의 장난질은 아닐 터였다. 마지막으로 카드에는, 초대받은 사람은 평상복만 입었으면 좋겠다는 내용이 명기되어 있었다. 초대장 발신인은 손님들의 그리 넉넉지 않은 생활 형편을 배려하고, 그들이 그 행사 때문에 불필요한 비용을 지출하지 않길 바라고 있었다. 손님들에게는 리무진이 보내져 7시 정각에 오벌 라운지에 안내되었다.

당연히 이 초대를 받은 사람들은 무척이나 어리둥절해하고 있었다. 스티븐스 신부를 제외하고는 그들 중 아무도, 그렇게 사치스러울 정도로 비싼 카드를 사용할 만한 재력가를 아는 이가 없었으며, 더구나 홀리데이 인 호텔에서 개인 연회를 개최할 만한 이야 말할 것도 없었다. 그런 까닭에 그들은 모두 호기심이 동해서 그 이상한 초대를 받아들이기로 작정했던 것이다.

네 사람의 손님은 오벌 라운지에 들어서서 참석한 서로서로에게 불안을 느끼며(네 사람 모두 나머지 세 사람을 알지 못했으므로) 화려한 분위기에 기가 질려 있는데, 한 귀족 같은 사람이 극히 매력적인 태도로 그들을 맞이했다. 그는 더없이 우아한 차림을 하고 있었는데 그 방 장식에 완벽하게 어울려 보였다. 그의 품위 있는 은빛 머리칼이 샹들리에 불빛 아래 빛났다.

"어서 오세요, 친구."

그는 한 사람 한 사람 도착할 때마다 인사를 했다.

네 사람의 손님 모두는 그 멋진 초대자를 알아보고는 놀라움을 감추지 못했다. 그는 다름 아닌 랜딩 지구의 거지 알렉산더 포터였던 것이다.

제임스 앤드루스가 외쳤다.

"아니, 포터 씨! 대…. 대체 여기서 뭘 하고 있소?"

이전의 거지가 웃었다.

"어쩌다 보니 제가 초대자가 되었군요, 앤드루스 씨. 아, 세노프스키 여사님, 안녕하세요. 존경하는 스티븐스 신부님이 오시고 바로 뒤에 엘러리 양도 오는군요. 모두들 어서오십시오. 변변찮은 식사에 오신 여러분을 환영합니다."

앤드루스 씨와 마찬가지로 다른 손님들도 각자 차례로 초대자를 알아보고는 놀란 나머지 할 말을 잃었다. 하지만 초대자의 따뜻한 응접이 모두를 편안하게 해주었다. 초대자는 더 자세한 설명이 없이, 그 넓디넓은 라운지 한 귀퉁이의 좌석으로 그들을 안내했다. 거기에는 진수성찬이 준비되어 있었다. 모두들 식사를 위해 자리에 앉았으나 아직도 이 기이한 상황의 반전에 어리둥절해 있었다.

"의식을 거행하기 전에, 정말이지 이건 의식입니다. 지난 한 달 남짓 여러분이 하찮은 거지였던 제게 보여 주신 친절에 대한 감사의 의식이지요. 몇 가지 해명의 말씀을 올려야겠습니다."

그렇게 포터 씨의 짧은 즉석 연설이 시작되었다. 그는 잠시 말을 멈추더니 네 손님을 다정스레 바라보며 한 사람 한 사람에게 크나큰 애정을 담아 미소를 지어 보였다.

"저는 얼굴 없는 거지로서 여러분의 삶 안에 끼여들었습니다. 하지만 여기 계신 여러분께서는 항상 저를 한 사람의

'인간'으로 대해 주셨습니다. 저는 여러분이 보여 주신 친절한 태도에 큰 감명을 받았습니다. 그래서 오늘밤 이런 방법으로 제 감사를 표하고자 하는 것입니다. 아다시피 브래드쇼에서 한 것처럼 다른 곳에서도 그렇게 하기 위해서는 제 본 모습을 비밀에 부쳐야 합니다만, 저는 큰 부자입니다. 제 필생의 목적은, 제 재산으로 도울 수 있는 사람들을 찾는 것입니다. 하지만 명심하실 것은, 그들은 절박한 사람 누구나가 아니라 얼굴 없는 거지를 한 번 더 돌아보고 정중히 대하는 그런 사람들이라는 것입니다. 저는 그들이, 무엇이든 자기에게 주어지면 그것을 가장 잘 이용할 수 있는 사람들이라고 생각합니다."

그러고는 초대자는 손님 각자를 위해 자기가 구상한 바를 조금 더 자세히 설명했다. 스티븐스 신부는 청년회관 건립에 필요한 기금을 받을 것이고, 마지 엘러리는 학업을 계속하고 싶다면 대학 학비를 전액 지급받을 수 있게 되었다. 그것은 바로 그녀의 꿈이기도 했다. 그 사실을 그녀는 도넛과 커피를 먹으러 패트 간이 식당에 자주 들르는 거지에게 털어놓은 적이 있었던 것이다. 세노프스키 여사와 그녀의 아이들의 장래는 지방 법률회사에 이미 설정해 놓은 신탁기금에 의해 보장되었다. 앤드루스 씨는 최근 건강이 그다지 좋지 않은 관계로, 여생 동안 무료로 의료혜택을 입게 되었고, 거기에다 매년 세계 어느 곳이든 여행할 수 있는 재산도 받을 것이다.

이런 굉장한 연회에 참여한 사람이라면 누구나 예측할 수 있듯이, 그것은 모든 면에서 잊지 못할 밤이었다. 그리고 그 후로도 오랫동안 알렉산더 포터의 네 친구는 그날 밤 마지막으로 본 그대로 그를 기억할 것이다. 거의 천상의 호부(護符)라 할 후광에 둘러싸인 사랑스런 존재로 말이다.

그 후 수주, 수개월이 이어지는 동안 스티븐스 신부도, 앤드루스 씨도 그 기억할 만한 의식 이후에는 두 번 다시 볼 수 없었던 자기들의 정체 모를, 은혜를 베푼 사람에 대해 뭔가를 더 알아보려 신중하게 탐문해 보았다. 하지만 그들은 희미한 그의 흔적조차도 결코 찾아 내지 못했다. 마치 하늘에서 곧바로 내려왔다가 돌아가 버린 듯이 말이다.

이상한 일이었다. 그러나 세간 사람인데다 콧대 센 현실주의자인 두 사람은 신앙적 확신이야 강했지만 천사의 존재를 그다지 인정하지 않았다. 하지만 마지 엘러리와 세노프스키 여사는 생각이 달랐다. 그리고 그들은 포터 씨와 함께한 마지막 밤의 기적뿐 아니라 그 행사에서 그가 드러낸 특별한 후광까지도 훨씬 생생하게 기억하고 있었기에, 그녀들은 은혜를 베푼 사람의 정체를 헤아리기에는 의심할 여지 없이 더 유리했다.

어쨌든 다음부터는 거지를 만나거든 얼굴을 보아 주고 정중히 대하길 제안한다. 놀라운 선물을 얻을지도 모를 일이므로.

12
정 답

"인식하는 건 쉽지만
오랫동안 자각하고 있기란 거의 불가능한 일이다.
우리가, 혹 우리가 밝게 빛난다면
그 광명을 전적으로
우리를 비추는 태양에게서 얻어내는 거울들이라는 사실을 말이다.
진정 우리는 타고난 발광력(發光力)을
조금은—그것이 아무리 작은 것일지라도—가진 것인가?
진정 우리는 '순수' 피조물일 수는 없는가?"

C.S 루이스, 네 가지 「사랑」

정 답

옛날 비르가라는 고대 왕국에, 그와 같은 이는 이전에도 없었고 나중에도 없을 그런 왕이 한 분 살고 있었다. 비르가의 온 백성이 '선한 왕 데이먼'이라 불렀던 이를 말한다. 사실 '선하다'는 형용사를 써서 존경할 만한 사람이 누군가 있다면 그는 바로 데이먼 왕이었다. 그보다 더 인자한 왕은 이 땅을 밟아 본 적이 없었기 때문이다. 실제로 그의 인자함은 그 훌륭한 왕국 비르가에서 영원히 기릴 것이다.

한데 데이먼 왕은 자비로웠을 뿐 아니라 그 인자함 못지않은 훌륭한 외모를 갖추고 있었다. 그런 그였기에, 그가 가는 곳마다 새가 울고 풀은 발 아래서 꽃을 피웠다. 또한 그는 장성했으면서도 아직 결혼을 하지 않고 있어서, 당연히 비르가의 온 규수들이 그의 신부가 될 꿈에 부풀어 있었다.

어느 날, 위로해 줄 불행한 일이라도 있나 찾아보려 시골길을 여행하고 있던 중 그는 우연히 누더기를 걸친 어린 집시 소녀를 만났다. 그녀는 무리에서 버림을 받아 생존수단으로 구걸을 해야만 하는 처지임에 틀림없었다. 하지만 그런 생활방식은 그녀의 고운 심성에 어울리지 않는데다가, 그녀는 몹시나 여위고 불결하고 악취가 나서 지독히 혐오스러운 모습이었다. 하지만 오히려 그녀의 이런 모습은 선한 왕 데이먼의 마음을 흔들어 놓는 것이었다. 그래서 그는 즉시 소녀를 보호해 주었다. 하지만 대개 그렇듯, 그는 후함이 지나쳐 보통의 사람들이 그처럼 아량 넓은 사람에게 기대할 만한 수준마저 훨씬 넘어서고 말았다.

그는 그 가엾은 소녀를 가까운 여관에 데려가 목욕을 시키고 향수를 뿌려 준 다음, 밥을 먹이고 아름다운 옷으로 치장시켰다. 그 다음엔 개선 장군처럼 그녀를 호위해 그의 많은 성 가운데 한 성에 데려다가 온 성과 성의 하인들과 그 전재산에 대한 소유권을 부여했다. 그러고는 그녀에게 놀랄 만한 언약을 남기고 떠났다.

"내가 지금 가면 일년에 한 번은 널 보러 올 게야. 그때마다 네게 간단한 질문을 하겠다. 그 질문의 답을 알게 된다면 너를 궁전에 데려다가 왕비로 삼으리라."

이름이 도티인 이 소녀는 왕이 개입함으로써 벌어지고 있는 자기 운명의 놀라운 반전에 아직도 어리둥절한 가운데, 그것이 어떤 문제일지 몹시도 호기심이 들었다.

"그…. 그것은 어떤 문제이옵니까, 폐하?"

그녀가 숨가쁘게 물었다.

"간단한 것이야. 그것은 내가 왜 너에게 그토록 많은 사랑을 베풀겠는가라는 거야."

믿기지 않는다는 듯이 그녀의 눈이 휘둥그래졌다.

"그뿐이옵니까?"

"그렇다, 소녀야. 그것뿐이야."

그 말을 남기고 왕은 떠났다.

그 다음 한 해 동안 데이먼 왕은 도티를 친히 방문하지 않고, 상상할 수 없는 가장 멋진 선물들만을 잔뜩 보냈다. 한편, 소녀의 거칠던 피부는 부드러워졌고, 말라빠졌던 체격 또한 살이 붙었으며, 몸가짐이나 자태는 우아해져서, 마침내 그녀는 사랑스러운 소녀가 되어 있었다.

약속한 일년이 다 되어 갈 무렵 데이먼 왕이 나타나 질문을 던지자 그녀는 주저 없이 대답했다.

"왜 폐하께서 저를 사랑하시냐고요? 제가 젊고 예쁘기 때문이지요."

선한 왕은 슬픈 미소를 지었다.

"아니야, 도티. 그건 정답이 아니야. 하지만 똑같은 문제를 가지고 내년에 다시 오겠다. 아마 그때까지는 더 나은 생각이 떠오를 테지."

성을 떠난 데이먼 왕은 또다시 끊임없는 선물을 보내 주었고, 그녀는 왕이 보낸 온갖 스승들의 지도로 훌륭한 교육을 받았다. 그리하여 두 번째 해가 끝나 갈 무렵 왕이 찾아와 다시 질문을 했을 때, 그녀는 자신만만하게 대답했다.

"폐하께서 저를 사랑하시는 건 제가 영리하고 재치가 있어서지요."

하지만 그것 역시 답이 아니었으므로 이번에도 데이먼 왕은 다음 해에 다시 온다고 약속했다. 그러나 그는 떠나기 전에 그녀에 대한 연민이 일었는지, 그녀가 완전히 틀린 방향에서 해답을 찾고 있다고 말했다.

"그대에 대한 나의 사랑은 그대의 육체적 아름다움이나 지적 재능과는 아무 상관이 없다. 다른 각도에서 생각해 보아라,

내 사랑."

그 다음 한 해 동안 그녀는 이 말대로 했다. 그리하여 오랜 숙고 끝에 필연적인 듯이 보이는 결론에 도달했다. 그녀는 이렇게 생각했다.

'선하신 데이먼 왕께서 나를 사랑하심이 내 육체의 아름다움이나 지적 재능 때문이 아니라면, 그건 나의 다른 자질, 즉 바로 나의 영적인 자질 때문임에 틀림없다. 한데 그것들 중 어느 것이 그분의 마음을 흔들어 놓을 만하단 말인가? 아, 바로 그거다!'

그리하여 일년 후, 왕이 돌아와 질문에 대답할 것을 요구했을 때 그녀는 의기양양하게 대답했다.

"폐하께서는 제가 폐하의 모든 선물에 무척이나 온당하게 감사하기 때문에 저를 사랑하시는 거지요."

불행히도 그것은 맞는 답이 아니었고, 왕은 곧 또다시 한 해를 기약하고 떠났다. 그 기이한 관계를 시작한 지 4년째 되는 날 왕이 다시 왔을 때, 그녀는 '그분의 엉터리 수수께끼'(그녀는 하인을 통해 그에게 그렇게 말했다.)에 대답할 수 없음에 난감해진 나머지 샐쭉해져서 왕을 만나기를 거부했다.

다섯 번째 해에 선한 왕 데이먼이 그녀의 성에 돌아왔을 때, 그녀는 자기 처지를 되새기는 시간을 갖고 있었다. 그녀의 추론으로는, 자신의 최상의 이익을 위해서는 더 이상 왕을 박대한다는 건 현명하지 못한 처사였다. 계속 그런다면 그녀는 결코 비르가의 왕비가 될 수 없을 것이다. 그래서 그녀는 오랜 단식 끝에 왕에게 모습을 드러냄으로써 이 다섯 번째 만남을 준비했다. 단식으로 인해 그녀는 안색이 창백해지고 안쓰러울 정도로 몸이 홀쭉해졌다. 그녀는 또한 둘이 함께 있는 동안 거의 내내 울음을 억지로 참는 체하며 그럭저럭 지낼 수 있었다.
 그리하여 그의 질문에 대답해야 하는 결정적 순간이 왔을 때는 우울한 목소리로 더듬거렸다.
 "폐하께서는 제가 저의 지난번 배은망덕을 깊이 뉘우치고 있기에 저를 사랑하십니다."
 하지만 그것은 답이 아니었다.
 다음 해 동안 그녀는 자신의 자질에 대해 더 한층 끈질긴 숙고를 거듭한 끝에 정답을 찾아 냈다고 확신했다. 그녀는 왕의 발 아래 엎드리며 그에게 선언했다.
 "폐하께서 저를 사랑하심은, 선하신 데이먼 왕이시여, 제가 당신 앞에 몹시 겸손해졌기 때문이지요."
 그렇지만 그것 역시 답이 아니었다. 그래서 그녀는, 왕이 그녀의 겸손에 탄복하지 않았음은, 그녀가 아직 겸손의 덕이 부족하기 때문임이 틀림없으리라 생각했다. 이제는 분명, 그녀 자신이 아직도 겸손이 부족하다는 사실을 총명하고도 겸손하게 인정하는 점을 높이 살 것이다. 그리하여 일곱 번째 만남에서는 이 새롭게 깨달은 바를 왕에게 말했다.
 "폐하께서는 저를 사랑하십니다. 오! 선하신 데이먼 왕이시여. 그건 제가 최소한 덕성의 결함을 인정할 만큼은 정직하기 때문이지요."
 왕은 지친 듯한 미소를 지으며, 지극히 부드러운 목소리로 말했다.
 "안됐구나, 사랑하는 도티. 나의 큰 사랑의 동기에 관해서는 그대는 아직도 깜깜한 어둠 속에 있구나. 아마 내년에는…."
 그가 다시 막 떠나려는데, 정답 찾기에 절망한 도티가 그의 발 아래 몸을 던졌다. 그녀는 애원했다.

"제발, 폐하. 또 한 해의 오랜 세월을 남기고 떠나시기 전에 이번엔 실마리라도 주고 가세요."

왕은 자비로웠기 때문에 궁지에 처한 그녀를 돕고 싶은 마음이 간절히 일었다. 그는 잠깐 생각에 잠겼다가 찾아낸 것을 인자하게 말했다.

"그대의 대답들은 죄다 똑같은 낱말, 즉 '저'라는 낱말로 시작하지. 선하신 데이먼 왕이시여, 당신은 '제'가 젊고 예쁘기 때문에, '제'가 영리하고 재치가 있기 때문에, '제'가 온당히 감사하기 때문에, '제'가 깊이 뉘우치고 있기 때문에, '제'가 몹시 겸손해졌기 때문에, '제'가 최소한 정직하기 때문에 사랑한다고 말이지. 그 '저'라는 말이 잘못인 게야, 내 사랑. 다른 말을 찾아보아라. 완전히 다른 방향에서 찾아야 해. 그러면 곧 내 질문의 정답을 찾게 될 것이야."

다음 한 해 동안 도티는 생각하고 생각하고 또 생각했다. 하지만 아무것도 생각해 내지 못했다. 그리하여 왕이 돌아오기 전날 밤엔 너무나 낙심한 나머지 잠을 이룰 수가 없었다. 그래서 자리에서 일어나 정원에 나가 이리저리 거닐었다. 거기 희미한 달빛 아래서 그녀는 나이팅게일의 노래를 들었다. 그러다가 문득 나이팅게일이 뭔가 왕에 대해 노래하고 있다는 것을 깨닫게 되었다. 가사는 아주 간단했다.

선한 왕 데이먼
선하고 선하네
한 이유로 사랑한다네
선하고 선하네
아무도 짐작 못하지

선하고 선하네
우연일망정
선하고 선하네
데이먼처럼 되는 것
선하고 선하네.

이 한밤의 멜로디를 들은 도티는 본능적으로, 어쨌든 나이팅게일이 신기하게도 그녀가 고심해서 찾고 있는 문제의 답을 주고 있다는 것을 알았다. 그리하여 자기 발자국을 되밟아 천천히 침실로 돌아오는 동안 회복한 집중력에 의존해, 선한 왕 데이먼을 처음 만난 이래 일어났던 모든 일을 곰곰이 생각해 보았다. 그리하여 잠자리에 돌아가 막 잠이 들려는 순간, 마침내 해답이 그녀 머리에, 더 정확히는 그녀의 가슴에 떠올랐다. 존재 전체를 환희로 가득 채우는 멋진 통찰이었다. 그래, 바로 그거야! 바로 그거라고!

다음 날 다시 한 번 선한 왕 데이먼을 다주했을 때 그녀는 새로운 눈으로 그를 보았다. 그리고 왕은 이제까지 한 번도 본 적이 없는, 애정으로 충만한 그 두 눈을 들여다보고는, 도티가 마침내 정답을 찾아 냈음을 알았다.

그녀는 왕에게 전과 같은 그 질문을 할 틈도 주지 않고 재빠르게 말했다.

"선하신 데이먼 왕이시여, 당신은 항상 한 가지 이유로, 그리고 그 단 한 가지 이유만으로 저를 사랑하셨어요. 당신은 '선하신' 왕 데이먼이시기에 저를 사랑하신 겁니다. 오, 왕이시여, 당신의 크나큰 자비만이 제게 일어난 모든 것에 대한 유일한 설명입니다."

물론 그것이 정답이었다. 그리하여 바로 그날로 선한 왕 데이먼은 도티를 그의 궁전으로 데려가 왕비로 삼았다. 그리하여 온 비르가에 걸친 그들의 통치는 그 위대한 나라의 연대기에 기록되어 있는 것 중 가장 오래고 가장 행복한 것이었다.

13
거울

"열매를 보아 나무를 알 수 있다."
마태 12,33

"사람들이 아니라 문제들을 윤리학의 주요 츠점으로 삼음으로써, 우리는 우리가 직면한 문제들과 거기에 대한 우리의 대처법이, 우리가 기존에 어떤 사람이었는가에 의존한다는 사실을 망각하고 있다.
폴, J. 웨이들,「우정과 도덕적 삶」

"내가 무엇을 해야 하는가의 문제는, 사실은 나는 무엇인가 혹은 나는 무엇이어야 하는가에 관한 것이다."
스탠리 하우어워즈,「태평(太平) 왕국」

거 울

　루푸스 왕은 그라트니아의 왕위를 물려줄 아들이 없었다. 무남독녀 시벨리나는 후덕했을 뿐 아니라, 또 사랑스러웠다. 하지만 그라트니아의 법과 관례에 따라 그녀는 아버지가 승하한 후에도 왕위를 계승해 그 땅을 통치할 수 없었다. 오직 남자만이 그 자격을 가질 수 있었다. 그러므로 루푸스 왕은 딸을 위해 좋은 남편일 뿐 아니라 그 나라에도 훌륭한 통치자가 될 남자를 찾는 것 외엔 달리 선택의 여지가 없었다.
　그는 무척이나 현명한 왕이었으므로, 절대적으로 공정하고 어질게, 그리고 지혜롭게 그라트니아를 다스릴 후계자를 찾기로 하고, 어김없는 적임자를 찾을 수 있는 계책을 짜냈다. 그의 계책은 적당한 총각들을 초청해서 여러 종류의 시험에서 경합을 벌이도록 하자는 것이었다. 그 시험은 대부분 인격과 분별력을 가늠할 그런 종류의 시험이었다. 그 시험을 거치고 남은 마지막 세 명의 결선자에게, 그들 중 누가 시벨리나의 남편감으로, 그라트니아의 통치자감으로 부족함이 없이 공정하고 어질며 현명한가를 가려 줄 특별한 시험을 부과할 터였다.

루푸스 왕이 선발시험을 공표하자마자 이 일대 사건에 참여하기 위해 수십 명의 젊은이들이 도읍으로 몰려들었다. 경선은 곧 시작되었다. 마지막까지 남은 세 명의 결선자들은 참으로 유능한 젊은이들이었다. 그들의 이름은 케이스, 커크, 케빈이었다. 세 명 다 잘생겼고 용감했으며 영리했다. 하지만 이제 그들 중 누가 훌륭한 왕이 되기에 부족함이 없이 공정하고 어질고 현명한지 가려 내야 했다. 그리하여 왕은 시험의 단계를 시행했다.
　왕은 시벨리나와 온 궁궐 사람들이 참석한 가운데 열린 특별 회견에서 결선에 오른 세 사람에게 설명했다.
　"친애하는 젊은이들아, 그라트니아는 공정하고 어질며 현명한 왕이 필요하다. 참으로 이 세 가지 품성은 모두가, 유능한 왕에게는 필수적인 것이다. 그래서 내 그대들에게 완벽하게 공정하고 어질며 현명한 사람이 될 수 있도록 삼년의 여유를 주겠다. 그 삼년 동안에 그대들은 멀리까지 두루 여행해야 한다. 그러면 왕의 세 가지 필수 성품을 계발시켜 줄 모든 종류의 상황에 직면하게 될 것이다. 그런 다음 여기 돌아오면 그대들이 충분히 공정하고 어질며 현명한지 보여 줄 최종시험에 그대들을 부칠 것이다. 그대들 중 누가 되든 그 시험을 통과한 사람이 내 딸도, 내 왕좌도 얻을 것이다."
　그러고는 젊은이들 각자에게 작은 주머니 거울을 하나씩 나누어 주었다.
　"이걸 가지고 다녀라. 그대들 과제를 도와 줄 것이다."
　그가 은밀한 목소리로 덧붙였다.
　결선에 오른 세 사람은 그 후로 그곳을 떠나 먼 나라들을 방문하기 시작했다. 3년 동안의 모험에 직면하게 된 것이다. 그

3년 동안 케이스와 커크는 여행도 따로 하고 체험도 완전히 달리 했으나, 그들의 노력의 방향은 똑같은 노선에서 이루어지고 있었다. 둘은 모든 종류의 문제를 해결하면서, 더 영리하고 더 빈틈없으며 더 노련해지기 위해 노력했다. 그들은 3년 후 루푸스 왕이 결국 시험할 것은 무엇보다도 자기들의 지능일 거라고 짐작했던 것이다. 그래서 그들은 여행을 계속하면서 들르는 어느 도시, 어느 동네에서건 수수께끼를 풀고 난제를 해결하며 곤란한 윤리문제에 해답을 찾아 내는 데 남달리 영민한 머리와 능란한 수완으로 유명한 사람들을 찾아다녔다. 그렇게 해서 그들은 온갖 종류의 이론적 난제들에 대해 전문가가 되었다. 더 나은 인간이 된 건 아니었지만 말이다. 그리고 '과제를 도와줄 것'이라며 왕이 준 작은 주머니 거울은 아무런 쓸모도 찾지 못한 채 버리고 말았다.

한편, 케빈은 이들과는 전혀 다른 방향으로 과제를 풀어 나갔다. 여행 초부터 늘 거울을 몸에 지니고 다니면서 거기 비친 자기 얼굴을 자주 들여다보았다. 당연히 그 역시 루푸스 왕이 왜 그런 주머니 거울을 주었는지는 몰랐다. 하지만 그는 왕의 지혜를 너무도 존중했기 때문에 거기엔 분명히 까닭이 있을 거라고 생각하지 않을 수 없었다. 하지만 그는 거울이 '자기 과제를 도울 것'이라는 점을 명심하고 있을 따름이었다. 그러면 무엇이 그의 과제였는가? 너무도 간단하게도, 왕의 최종 시험을 통과하기에 부족함이 없이 공정하고 어질며 현명하게 되는 것이다.

이 점을 염두에 두고 케빈은 여행을 계속하여 여러 낯선 나라들을 방문했다. 여행하는 사람이라면 누구나 그렇듯 그 역시 많은 위험과 궁지를 만났고, 여러 가지로 시험을 당했으며 갖

가지 유형의 사람들을 다 만났다. 처음엔 자신이 직면한 여러 가지 상황들을, 해결해야 할 문제들로만 받아들였으나, 얼마 지나면서부터는 자기 자신에 대해 더 깊이 생각하기 시작했다. 무엇을 하는가, 어려운 상황에 대해 어떻게 대응하는가, 필생의 어려운 결정에 대해 어떻게 대처하는가 하는 문제는, 궁극적으로 자신이 어떤 종류의 인간인가에 달려 있다고 생각했다.

하루는 길가 나무 아래에서 쉬고 있던 중에, 그는 주머니 거울을 꺼내 자기 얼굴을 비춰 보았다. 왜 그러는지는 모르면서도, 다만 왕의 충고에 충실히 따르려는 마음에서 이런 행위를 그는 전에도 몇 번이나 했었다. 하지만 그날은 그 자신을 보면서, 지난 수개월 동안 마음 속에 형태를 갖추어 온 의문이 불쑥 솟았다.

'진정 나는 누구지?'
그는 자문했다.
'아니, 더 중요한 문제가 있다.'
그는 스스로 정정했다.
'나는 무엇이 되어야 하지? 한 사람의 인간으로서, 또 한 사람의 그리스도인으로서 내게 진정 가치 있는 건 무엇인가? 지금까지 나는 늘 자문했지. 나는 무엇을 해야 하는가 하고. 하지만 사실 이 문제는 보다 근원적인 문제에 달렸어. 나는 어떤 종류의 인간이 되고 싶은가 하는 문제에 말이야. 그것을 결정하기만 한다면 무엇을 해야 할지는 쉽게 알게 될 거야.'

이러한 통찰이 3년 여행의 나머지 기간 동안 그의 행위 전체를 좌우했다.

그 이후 그의 주된 관심사는 더 이상 원래부터 당연히 받아들여지는 행위의 원칙을 찾는 데 있지 않았다. 그의 관심사는 도덕적 우월성의 가능한 최고 원칙을 스스로 세우는 것이었다. 물론 이는 전통적인 행위 규범을 실천하거나 귀찮은 상황에서 빠져 나오는 방법을 영민하게 찾아 내는 것보다 훨씬 더 큰 노력을 요하는 일이었다.

사실, 이는 그에게 자신의 가장 깊은 동기들에 대해서까지 의문을 제기하며, 눈앞의 제 이익을 기꺼이 희생할 것을 요구했다. 만일 그 동기나 이익이 철두철미하게 선한 인간이 되고자 하는 그의 결심과 대립될 때에는 말이다.

3년이 그렇게 지난 후, 세 젊은이는 최후의 시험을 치르기 위해 그라트니아에 돌아왔다. 루푸스 왕이 지정한 날, 그 목적을 위해 소집된 궁궐 사람들 앞에 그들이 모습을 드러냈다. 왕이 옥좌에서 그들에게 예를 갖춰 인사할 때, 아름다운 시벨리나는 그의 곁에 서 있었다. 왕이 신호를 하자 세 명의 거지가 알현실에 안내되어 나왔다. 왕은 결선에 나온 세 사람들에게 말했다.

"여기 구호금이 필요한 세 명의 가난한 이가 있다."

그러고는 궁속이 가져온 은갑에서 돈 지갑 셋을 꺼내어 한 사람에 하나씩 나누어 주었다. 왕은 이야기를 계속했다.

"그대들 각자는 이제 자기 소유로 금화 스무 냥씩이 든 지갑을 가지고 있다. 내가 고안한 시험은 이런 것이다. 그대들 중 누가, 이들 모두가 완전히 만족할 수 있도록 공정하고 어질며 현명하게 이 금화를 나누는 방법을 찾아 내겠느냐?"

세 경쟁자는 당연히 이 시험의 본질이 무엇인지 알아 내려고 애를 썼다. 그러나 케이스와 커크는 그것의 도덕적 차원에는 그다지 중요성을 돌리지 않은 채, 이내 그것을 영민성의 시험이라고 해석했다. 지난 3년 동안 어떤 어려운 상황이든 그것을 깔끔하고도 효율적으로 해결해야 할 문제로 보는 데 익숙해졌기 때문이었다. 하지만 케빈은 지금까지 도덕적 차원에 훨씬 더 익숙해져 왔고 자신을 모든 일에서 공정하고 어질며 현명하게 행동하도록 훈련시켜 왔기 때문에 왕의 시험을 인격의 시험이라고 해석했다.

루푸스 왕은 케이스에게 금화 스무 냥을 세 거지에게 나누어 주라고 했다. 젊은이는 잠시 생각에 잠긴 듯하더니 각자에게 여섯 냥씩 나누어 주고 나머지 두 냥은 자기 주머니에 넣었다. 그리고는 거지들은 그렇게 해서 공정한 대우를 받았으니 불평이 있을 까닭이 없다고 생각했다. 루푸스 왕이 중얼거렸다.

"영민한 젊은이구나. 그는 거지들 중 누구에게도 더 많은 돈을 주지 않았다는 점에서는 공정하다. 하나 돈을 전부 처분하지 않고 그 중 얼마를 자기 몫으로 남겨 놓은 점에서는 공정치 못하다. 게다가 세 거지는 나머지 두 냥을 빼앗겼다고 생각할 것 같구나. 그러니 그는 어질지도, 현명하지도 않음을 스스로 드러낸 것이다."

다음엔 커크가 자기 금화 스무 냥을 나누어 주도록 요구 받았는데, 그는 잠시 생각에 잠기더니 세 거지에게 제비를 뽑게 했다. 패자에게는 여섯 냥을 주고 나머지 둘에게는 일곱 냥씩 주었으니, 지갑에 든 것을 모두 처분한 셈이었다.

루푸스 왕이 중얼거렸다.

"이 젊은이도 영리하구나. 처음 젊은이보다는 더 공정하다. 자기 몫으로 남긴 돈이 없으니까. 하지만 공정히 대우받긴 했지만, 여섯 냥만 받은 거지가 일곱 냥씩 받은 나머지 둘을 시기하겠구나. 그러니 이 젊은이는 결정하는 데 있어서 진정으로 어질고 현명하지는 못하다."
 그 다음은 케빈이 자기의 스무 냥을 배분할 차례였다. 조금도 주저하지 않고 그는 자기 호주머니에 손을 넣어 금화 한 냥을 꺼내 왕의 지갑에 든 것에 그것을 보탠 다음, 한 사람에게 일곱 냥씩을 나누어 주었다. 그렇게 해서 각각 똑같은 금액을 받았으며, 왕의 금화도 남김없이 처분되었다.
 루푸스 왕은 모든 궁궐 사람에게 다 들리도록 큰 소리로 외쳤다.
 "오호라! 여기 진정 공정하고 어질며 현명한 이가 있도다!"
 그는 즉석에서 케빈을 경선의 승리자로 선언했으니, 그것은 그 후 한 번도 후회한 적이 없는 결정이었다. 케빈이 아름다운 시벨리나와 결혼해 그라트니아의 왕이 되었을 때 그의 모든 행위는 진정 그의 인격을 반영하는 거울이었다. 공정하고 어질며 현명한 인격을 비추는….

14
에움길

"예수께서는 그를 유심히 바라보시고 대견해하시며 이렇게 말씀하셨다. '너에게 한 가지 부족한 것이 있다. 가서 가진 것을 다 팔아 가난한 사람들에게 나누어 주어라. 그러면 하늘에서 보화를 얻게 될 것이다. 그러니 내가 시키는 대로 하고 나서 나를 따라오너라.' 그러나 그 사람은 재산이 많았기 때문에 이 말씀을 듣고 울상이 되어 근심하며 떠나갔다."

마르 10, 21-22

"내 친척이며 한때 나와 함께 갇힌 일이 있는 안드로니고와 유니아에게 문안해 주십시오. 그들은 사도들 사이에서도 평판이 좋은 사람들로서 나보다 먼저 그리스도 신자가 된 사람들입니다."

로마 16, 7

에움길

 나는 내가 개심하지 않던 날을 아직도 기억하고 있다. 아니, 당신이 잘못 들은 게 아니다. 나는 분명 개심하지 않았다고 했다. 개심하지 않았다 함은 무슨 뜻인가?
 그것은 개심하는 것의 반대를 말한다. 만일 당신이 개심한다면 당신의 신념, 견해, 행동이 돌변하게 된다. 그러면 당신의 전 인생은 바뀌게 되는 것이다. 그런데 하루는 나자렛 예수께서 내게 개심할 기회를, 즉 가진 것을 모두 버리고 그분을 따를 기회를 주셨다.
 그러나 나는 거절했다. 그래서 나는 결국 개심하지 않게 되었다. 그런고로 내가 방금 말했듯이 나는 내 인생의 한 시점에서 개심하지 않았다. 아주 젊고 아주 부자였던, 그리고 아주 미욱했던 시절에 말이다.
 그건 그렇고, 내 이름은 유니아다. 지금 전 로마 제국에 유포되고 있는 예수님 이야기들에 나오는 바로 그 '부유한 젊은이'다. 그 이야기들에는 내 이름이 빠져 있다. 나를 위한 배려에서였겠지만, 나는 그토록이나 예수님을 실망시킨 얼간이다.

어쨌든 적어도 잠시 동안은 말이다. 다행히 여러분께서 알게 되겠지만 나중에 나는 어느 정도는 관대함의 결여를 보충했다. 어쨌든, 내가 예수님을 만난 것은 그분이 죽임을 당하고 죽은 자들 가운데서 부활하기 불과 몇 달 전의 일이었다.

하지만 그분의 첫 제자들이 산헤드린(고대 예루살렘의 최고 평의회 겸 최고 재판소: 역주)에 대한 두려움을 극복하고 새로운 신앙을 전파하기 시작했을 때, 나는 그리스도 신자가 된 첫 유대인들 가운데 하나였다. 아무튼 나는 어렸을 적부터 하느님의 계명을 모두 지켰으며, 젊은 시절에 내가 이미 예수님께 깊은 감동을 받은 나머지, 내 영적 생활에 대해 상담하기 위해 그분께 갔다는 사실을 기억해 주기 바란다. 사실 그렇게 만나고 있는 동안 나는 그 스승의 인격에 매혹당했으며, 그분 쪽에서도 나를 무척 좋아하셨다. 그러니 그때 그분의 제자가 되는 것은 자연스러운 일이었다. 그런데 그분은 내게 라자로나 마리아와 마르타, 자캐오나 그 밖의 다른 많은 사람들처럼 자기 생활을 계속하도록 하시는 대신, 직계 제자가 되어 언제나 어디고 당신을 따르기를 바라셨다.

하지만 난 그때 마음의 준비가 되어 있지 못했다. 무일푼 생활의 불안정과 거친 어부들의 패거리, 미래의 박해를 받아들일 수 없었던 것이다. 그때까지 나의 삶은 너무나 안락한 것이어서 그 같은 미지의 모험에 대한 욕구를 느끼지 못했다. 예수님을 위해서도 말이다. 사실 하느님이었다 해도 나는 그렇게 할 수 없었을 것이다. 하지만 예수님의 제자가 되는 문제에 대해서라면, 어려운 조건이 좀 덜한 제자가 되는 것은 전혀 문제가 되지 않았다. 그래서 열두 제자가 사람들에게 예수님의 이름으로 세례를 주기 시작했을 때 나는 기꺼이 공식적인 그리스도 신자가 되었다.

　세례를 받은 후에도 나는 전과 똑같이 호사스런 생활을 계속했다. 다만 자선금 기부에는 좀더 후해졌고, 재산을 가지고 허세를 부리진 않았다. 하지만 나의 생활은 기본적으로는 니고데모와 같은 부유한 그리스도인이나 아리마태아 출신의 요셉이나 그 밖의 사람들과 다름없는 생활이었다. 물론 지금까지도, 당신을 위해 모든 것을 버리라시던 예수님의 초대를 거절했던 점이 거슬리긴 하지만, 그 외에 내가 어떻게 할 수 있었단 말인가?

　나는 영웅이 되기에는 부적합한 인물이었다. 하느님을 위해 많은 것을 포기할 마음은 있었지만 모든 것을 포기할 마음은 없었다. 그러니 나의 운명은 이 점에서만큼은 요지부동으로 정해져 있는 것 같았다.

　에스델을 만났을 때 내 마음 상태는 그랬다. 하지만 그녀가 사태에 끼여들면서부터는 모든 게 변했다. 성찬식에서 눈길이 그녀에게 닿는 순간, 머리에서 발끝까지 나는 그녀에게 빠져버렸다. 우리는 둘 다 그리스도 신자이고 미혼이었으므로, 그녀에게 나와 결혼해 달라고 설득하기란 쉬운 일일 것 같았다. 어쨌든 돈과 용모로 해서 나는 예루살렘에서 제일 잘 나가는 족속들에 속하지 않았는가? 하지만 에스델의 생각은 달랐다. 결혼 중매인을 통해 내 의사를 전해 들었을 때 그녀의 반응은, 내가 두 가지 필수조건을 충족시켜야만 결혼할 수 있다는 것이다.

　첫째는 기술을 배울 것, 그리고 둘째는, 내가 갖고 있는 돈을 전부 가난한 사람들에게 주고 그 후부터는 생활을 그 기술에만 의지할 것.

한데 믿을지 모르지만 나는 그대로 따랐던 것이다. 빵 만드는 기술을 익혀서 동부 시장 근처의 작은 빵 가게를 내고, 나머지 전재산을 예루살렘의 가난한 사람들에게 나누어 주었다. 그러고는 에스델과 결혼했다. 그러니 나는 하느님이나 예수님을 위해서는 하려 하지 않은 일을 에스델을 위해서는 한—혹은 최소한 그 비슷하게는 한—셈이다. 그녀의 경우에 다른 점이 있다면, 큰 돈이기는 했지만 내 재산 중에서는 극히 작은 부분을 남긴 것과, 내 친척 다르소의 바오로와 같은 상시 포교자는 내가 아니었다는 것이다. 바오로는 예수님의 첫 제자들처럼 늘 떠돌이 생활을 했다. 나는 집에 있으면서 빵을 만들어 생계를 유지하며 에스델을 위해 좋은 남편이, 두 아들을 위해 좋은 아버지가 되려 애썼다.

평생 누리던 재산을 갑자기 잃는다는 것은 약간은 고통스럽다는 것을, 최소한 처음에는 그렇다는 것을 알았다. 하지만 하느님의 은혜와 에스델의 사랑어린 후원에 힘입어 그럭저럭 새로운 상황에 적응해 갔다. 그렇게 몇 년을 살고는, 내가 이전의 게으른 부자 생활과 가진 것 없는 유랑자로 당신 동아리에 들라는 예수님의 급진적인 제안 사이에서 안정적인(그리고 훌륭한) 타협 지점에 도달했다고 생각했다. 하지만 내 생각은 완전히 틀린 것이었다. 사실 예수님은 이미 에스델을 통해 당신께서 의도하셨던 지점의 절반까지 나를 이끄셨고, 이제 다르소의 바오로를 통해 그 나머지 길로 나를 이끄시려는 것이다.

그 일은 쉽게 이루어졌다. 바오로는 예루살렘 여행을 자주 했는데, 한 번은 내게 안티오키아로 돌아가는 길에 동행해 달라고 부탁하는 것이다. 그곳은 그의 상설 본부였다. 그는 내 친척이고 교회의 중요 인물이었으므로 그 부탁을 거절할 수 없었는데, 마침 그때는 한 해 중 장사가 한가한 때이기도 했다. 그렇게 해서 나는 그와 함께 안티오키아로 가서 고덕한 신자분들을 많이 만났다. 다음 해 바오로는 내게 사마리아 전도 여행을 수행하도록 요청했다. 그래서 또 그대로 따랐다. 그 다음에도 몇 차례 사명이 주어졌고 마침내는, 사랑하는 에스델이 죽은 다음엔 장성한 두 아들까지 떠돌이 생활에 동참시켰으며 결국 상시 포교자가 되었다.

짐작하실 수 있겠지만 나의 방랑 생활에는 많은 고난이 따랐다. 여러 번을, 내 수중의 한 데나리온도 없이 로마 제국 변방의 한 귀퉁이에서 오도가도 못한 채 허기와 풍찬노숙(風餐露宿)으로 고초를 겪었다. 여러 번 조롱을 당하고 두들겨 맞았으며 감옥에 갇히기까지 했다. 말할 필요도 없이 이런 얄궂은 운명은 당연한 것이었다. 진심이다. 철모르던 젊은 시절에 예수님을 위해 하기를 거부했던 일을 이제 지친 노인이 되어 마무리 짓고 있는 것이다! 물론 나도 결국에는 예수님의 부르심에 응해 이 모든 고초를 감내하긴 했다. 하지만 내 허물로 인해 오랜 망설임이 있은 연후에야 마침내, 처음에는 불가능한 것으로 치부했던 이런 생활로 인도받기를 동의했던 것이다.

하느님은 당신의 마법 상자에 많은 묘수를 갖고 계신다. 우리가 당신을 향한 정도(正道) 여행을 거부한다면, 그분은 늘 그 순간엔 훨씬 수월해 보이는 어떤 멋진 에움길(예를 들면 에스델 같은)을 준비해 놓으신다. 어찌 됐든 조만간에 우리를 당신의 본향으로 데려가실 것이다. 이것은 내 경험에서 배운 것이다.

내 인생담에 어울리는 에필로그로서 마지막으로 한 마디 하고 싶은 것이 있다. 즉 그것은, 예수님을 따르기보다 내 재산

지키기를 더 선호했을 때, 그분을 떠난다는 것이 말할 수 없이 슬펐다는 사실을 명심하라는 것이다. 그런데 나의 에스델을 위해 빵 장수가 되었을 때 슬픔은 걷히고 달콤한 행복을 맛보았다. 하지만 후에 예수님을 위해 모든 것을 잃고 핍박당하며 옥에 처넣어졌던 시간들이야말로 내가 완전한 기쁨을 맛본 시절이었다.

15
어린 양의 외침

"성한 사람에게는 의사가 필요하지 않으나
병자에게는 필요하다.
나는 의인을 부르러 온 것이 아니라
죄인을 부르러 왔다."

마르 2, 17

어린 양의 외침

 양들 사이에는 불만이 팽배했어. 자존심이 강한 몇몇 양들에게는 용납할 수 없는 게 너무나 많았던 거야. 나 역시 그 중 하나였는데, 당시에는 어린 양에 불과했어. '자존심 강한 양'이 될 자격도 갖추지 못했지만, 우리 삶을 불행하게 만드는 것들의 목록을 하나 가득 채울 수 있을 정도였으니까.
 예를 들면, 고용자들은 믿을 것이 못돼. 즉, 늑대 한 마리가 부근을 어슬렁거리고 있다는 소문이 나도는 순간에도 그 작자들은 경계 신호도 보내지 않은 채 일손을 놓고 있었던 거지. 그러니 우린 늑대에 대한 두려움에 사로잡혀 지낼 수밖에. 양치기들은 늘상 일손이 부족했어. 사실 목장은 우리에서 너무나 멀리 떨어져 있어서 그 먼 길을 걸어가노라면 풀을 뜯고 싶은 생각이 싹 가실 수밖에. 그 점을 알아야 해! 거기에다, 몇몇 양 지키는 개들은 우리에게 너무 거칠게 대했고, 목장에는 쉴 만한 그늘이 없었으며, 또한 우리가 이끌려 가 물을 마시는 시내는 깨끗하지 못했고, 많은 양들이 상처를 입고(그건 가시 돋친 철조망 우리 아니면 녹슨 못 때문이다.) 치료도 받지 못해 썩어

가는 상처를 끌어안고 괴로워하고 있었다는 등 요즈음의 사정을 감안한다면, 양들 사이에 불만이 팽배했다고 했을 때 내가 말하고자 하는 것이 무엇이었는지 이해할 거야. 이 정도의 표현은 약과야. 우리 사이에서는 이 서글픈 현실을 두고 분노와 원한이 폭발 직전이었다고 말하고 싶어. 물론 우리는 양인고로 그런 부정적 감정을 가져서는 안 된다고들 생각하지. 그것을 표현하는 건 말할 것도 없고 말이야. 양들은 평화와 온유의 상징 아니겠어? 알지?

어쨌든 하느님이 천사를 통해 당신께서 곧 연례순시를 하시리라 일러 주셨을 적엔 난 정말 기뻤다고.

'이번에야말로 뭔가를 보여 줘야 해.'

참 순진한 생각이었지. 그만큼 그분의 내방을 학수고대하고 있었던 거야.

그 굉장한 날이 왔을 때, 그분은 어김없는 그 시각에 온통 광휘에 휩싸여 우리 풀밭에 나타나셨어. 양치기들이 낮잠을 자고 있는 동안에 벌어진 일이었으니까, 그들로 해서 방해를 받지 않을까 염려할 필요는 없었어. 그분은 우리 눈이 너무 부시지 않도록 당신의 광휘를 대부분 감추시긴 했지만, 그분의 모습을 보고 내가 겁을 집어먹은 건 당연했어. 그분은 장엄한 옥좌에 앉으셔서 우리의 불평을 들을 준비를 하셨지. 그러고는 늘 그러시듯 연배순으로 우리를 하나하나 부르셨어. 그건 내가 마지막으로 그분과 이야기할 양이 될 것임을 의미하는 거야. 내가 가장 어렸거든.

"갈색 다리야."

애정어린 목소리로 그분이 부르셨어.

갈색 다리는 옥좌에 다가가서 절을 하고 다소곳이 침묵을 지키며 기다렸지. 나는 그 할아비 양이 뿔에서 발굽까지 떨고 있다는 걸 알았어. 이전의 유사한 순시에 여러 번 참석해 보았으면서도 그러더라고. 하느님의 자태가 그 할아비를 아직도 압도하고 있는 모양이었어. 나는 그 할아비가 며칠 전에 이렇게 말하는 걸 들었지.

"하느님 앞에서 쓸데없이 나서지 마라 알았지? 그분은 전능하신 분이시니, 그분 앞에 섰을 때는 이 점을 명심해야 해."
그런데 이제 내가 하느님을 직접 뵈니 그 괴짜 할아비양의 감정을 이해할 수 있었어. 하느님은 지극히 두려운 분이셨어. 우리가 편안히 느끼도록 최선의 배려를 하시는데도 말이야.
하느님은 무척이나 상냥하게 말씀하셨어.
"자, 사랑하는 갈색 다리야. 너의 생활과 돌아가는 여러 가지 사정은 좀 어떤고?"
"오, 모든 일이 순탄합니다, 주님. 더할 나위 없이 순탄해요."
그러고는 이 할아비양이 핏대를 올리며 찬미하는 거야.
"주님은 나의 목자, 아쉬울 것이 없습니다. 푸른 풀밭에 누워 놀게 하시고, 물가로 이끌어 쉬게 하시니 지쳤던 이 몸에 생기가 넘칩니다."
갈색 다리는 시편 끝에 이를 때까지 쉬지 않고 암송을 했어. 그러더니 절을 하고는 공손히 자기 자리로 물러나왔어.
아니 어찌된 영문인가? 현 상황에 대한 가장 목청 높은 불평분자인 그가 자신의 진실한 감정은 내색도 않다니. "하느님 앞에서 쓸데없이 나서지 마라." 했을 때 그가 말하고자 한 것은, 그분 앞에서는 어떤 부정적 감정도 감히 드러내려 하지 말라는 것이었을까? 왜 안 되지? 꾸지람이라도 듣게 된다면 설 자리가 없어서일까? 게다가, 양과 같이 순하고 착한 동물은 분노를 느껴서도, 당혹감이나 창피스러움이나 불쾌함 따위를 느껴서도 안 되는 법이었기 때문일까? 최소한 그것이 내가 짐작할 수 있는 갈색 다리의 심중이었어. 체! 비비 꼬인 생각이라니!

한데 내 놀라움은 거기서 그치지 않았어. 갈색 다리에 곧 이어서 검정 귀가 불려 나갔는데, 그 역시 어김없이 똑같은 격식을 따르더라고. 공손한 절과, "모든 것이 순탄합니다."는 상투어와, 아첨 덩어리 시편 구절 "주님은 나의 목자, 아쉬울 것이 없습니다." 운운. 검정 귀 다음에도 모든 양이 그 똑같은 판박이 절차를 좇았어. 심지어 흰 귀, 점박이 목, 거친 혀, 시끄런 울음, 긴 귀 등, 사담할 때는 격분을 터뜨리던 양들마저. 그런데 하느님은 이들 모두에게 어떻게 대하셨는지 알아? 그러니까, 그분은 마치 마음놓고 하고 싶은 이야기를 다 하라고 격려하시듯 옥좌에 다가간 하나하나에게 무척이나 인자한 미소를 지으셨어. 하지만 매번 당신의 얼굴엔 실망한 빛이 짙게 깔렸지. 적어도 그것이 나의 느낌이었어. 내가 상황을 너무 지나치게 해석한 걸까? 어쨌든, 마침내 내 차례가 왔을 때 나는 옥좌 앞으로 불려 나갔어. 하느님은 내가 다가서는 걸 보시고 지극히 점잖게 말씀하셨어.

"아, 짧은 꼬리야, 나는 우리들의 첫 만남을 무척 기다렸단다. 사는 것이나 일 되어 가는 게 좀 어떠냐?"

말씀은 부드러웠으나 당신의 눈빛은 나로서는 설명할 길 없는 그런 것이었어. 나는 내 앞의 모든 양들이 했던 대로 하고 싶은 유혹을 강하게 느꼈어. 사실 하느님 앞에 쓸데없이 나서는 게 꼭 나라야 할 필요는 없는 거 아니겠어? 하지만 뭔가가 굴복하지 말라고 말렸어. 한 순간 양심이 찔리더군. 말하자면 그랬다는 얘기야. 나는 생각했지.
'에이, 그분은 착한 목자셔! 그분 스스로 당신이 착한 목자라고 하셨다고. 생각해 보면 의사까지 되실지도 몰라. 의사에게 내 상처를 보이지 못한다면 애시당초 의사란 뭐하러 있는 거지?'
그때 이런 생각들이 뇌리를 스쳤어. 게다가 난 겁을 먹고 있었어! 하지만 잠깐 한바탕 두려움과의 격렬한 싸움이 지나가자, 입을 열어야 할 때는 '지금'이라고 결심했지. 그렇지 않으면 평생을 내내 비참한 얼간이로 살 것이었으니까.
내가 말하기 시작했어. 가슴은 그분의 경외스런 눈빛에 놀란 나머지 쿵쿵 뛰고 있었지.
"주님, 저는 지금 일 되어 가는 게 조금도 마음에 들지 않아요. 사실 화가 나고 기분이 상하고 가슴이 아프단 말이에요. 주님은 저의 목자시긴 하지만, 정말이지 전 모든 게 아쉽다고요."
그러자, 너무 센 압력을 받아 터져 버린 봇물처럼, 갇혔던 감정들이 온통 홍수 속에 터져 나오고 말았어. 아, 얼마나 대단한 홍수였던지!
한번 터져 나온 감정의 홍수를 하느님마저도 막지 못하셨을 거라고 생각했어. 어쨌든 하느님은 번갯불 같은 것으로 방해하시지는 않고, 앞으로 몸을 숙여 나의 모든 말을 하나도 빠짐없이 경청하고 계신 듯이 보이더군. 그리고 참 이상하게도, 내가 내 감정을 쏟아 내고 있는 동안, 그분은 내가 그런 식으로 말하는 걸 듣기 좋아하시지 않나 하는 생각마저 들더라니까. 묘한 일이었어. 안 그래? 어쨌든 그 때문에 내 두려움도 조금은 가셨어. 그렇게 처음 겪어 보는 묘한 안도감으로 신이 난 나는 내 자신의 불평에 더하여, 태어난 이래 수 개월에 걸쳐 느꼈던 모든 불평까지 말씀드렸지. 물불 가릴 것 없이 터져 나오는 감정에 휩싸인 채 나는 생각했어.
 '온 양떼의 대변자나 될까 보다. 모두들 입이 얼어붙었잖아. 속담에도 있다고(내 경우에 딱 들어맞지.). 바늘 도둑보다는 소 도둑으로 죽는 것이 낫다. 그랬잖아.'
 내 장광설이 무슨 효과가 있었느냐고 물으시겠지. 하느님의 반응은 어떠셨냐고? 한데 곧이 들릴지는 모르지만, 내가 불평을 줄줄이 다 늘어놓았을 때 좋지 않은 일이라곤 하나도 벌어지지 않더라고. 하느님은 놀라신 듯 머리만 끄덕이고 계셨어. 그런 엄청난 기쁜 소식은 한 번도 들어 본 적이 없는 사람처럼 말이야.
 그분은 말할 수 없이 만족감을 나타내시며 탄복하셨어.
 "마침내 나를 믿는 이가 생겼도다!"
 그러시고는, 참석한 모든 양의 면전 바로 그 자리에서 나를 팔로 안아 드시고 코에 입을 맞추시는 거야.
 당연한 얘기지만 내 느낌이 어땠는지 말로는 표현할 수가 없어. 하느님이 입을 맞춰 주신다. 매일 있는 일이 아니잖아? 잘 알겠지만. 어쨌든 나는 그냥 거기 서 있었어. 사랑으로 불타올라서 말이야.
 그리하여 그 다음에 일어난 일들은 역사에 남을 만한 큰 사건이었어. 그 후에 무슨 일이 벌어졌는지, 또 하느님은 그 즉시 우리의 생활조건을 돌변시킬 수많은 중요한 칙령들을 어떻게 발하셨던지 우리 양들 중 누구라도 이야기해 줄 수 있을 거야. 그분은 이런 결정들이 즉각 효력을 가질 것이라고 선언하셨어. 그러자 그대로 되는 거였어. 하느님이 뭔가 작정하시면 그대로 그렇게 되는 거니까. 걱정할 필요 없다고.

그런데 일련의 적절한 조치들을 취한 것과는 별도로 그분은 이상한 일을 한 가지 하셨어. 거의 모든 문제가 해결된 뒤, 그분이 내게 몸을 굽혀 귀에 뭔가를 속삭이시는데, 당신께서 내리시려는 마지막 결정에 대해 나의 동의를 구하시는 거였어. 맙소사, 그분의 의중을 이해했을 때, 나는 한 순간 동안 말도 못 하고 서 있다가 떨리는 목소리로 "매애." 하고 간신히 동의를 표할 수 있었어. 그와 동시에 그분은 자리에서 일어나셔서 마지막 포고를 발하시는 거였어.

환한 미소를 머금으신 채 그분은 말씀하셨어.

"사랑하는 양들아. 나는 여기서 RAM 혹은 신앙적 분노 운동(Religious Anger Movement)이라고 알려질 캠페인을 주창하는 바이다. 그 전령관은 여기 있는 짧은 꼬리가 맡게 된다. 그와 그의 추종자들이 분노를 가지고 내게 오는 이들을 내가 항상 완전한 사람으로 맞으리라는 확신을 온 세계에 전파할 것이다."

하느님이 천국으로 돌아가신 후로도 오랫동안을 나는 아직도 내가 겪은 그 큰 충격에서 헤어나지 못하고 있었어. 상상해 봐. 난 순식간에 어린 양(lamb)에서 성숙한 양(RAM)으로 끌어올려진 거라고. 그리고 이 모든 것은 다 내가 하느님을 믿는 데 용감했기 때문이 아니겠어?

16
슬픈 노래는 이제 그만

"너희는 남에게서 바라는 대로 남에게 해주어라.
이것이 율법과 예언서의 정신이다."

마태 7, 12

"내가 죽으면 사랑하는 이여,
나를 위해 슬픈 노래 부르지 마오.
장미 한 그루도 심지 마오. 내 머리맡에는.

그늘 드리울 사이프러스 나무조차도."

크리스티나 로제티, 「노래」

슬픈 노래는 이제 그만

　우리는 모두 난파당한 사람들이 절해고도에 고립되어 있다는 소식을 들었습니다. 그들이 구원 요청이 적힌 종이쪽지를 병에 봉해서 바다에 띄워 보냈던 것입니다.
　아, 여기서 내가 말하고자 하는 것은, 나의 인생이 어딘가 이 호소문과 닮은 데가 있다는 것이지요. 하지만 그 방향은 반대입니다. 내 말은 내가 그 반대의 일을 하겠다는 뜻입니다. 즉, 나는 뭍으로부터, 거기에서 절망에 휩싸인 채 구원을 기다리고 있을 누군가에게 서신을 보내려는 것입니다.
　사실 이 글은 임의의 모든 대중을 위한 것도 아니고, 특정한 청중을 향한 것도 아니므로 진부한 서신 용어, 즉 관계 당사자 귀하라고 해서 가까스로 시작할 수 있었습니다. 내 서신이 삶의 고도에서 길을 잃고 헤매는 단 한 사람에게라도 도움이 된다면 이 묘한 편지 쓰는 일이 그다지 쓸데없는 짓만은 아니리라 믿고 싶군요.
　서두를 시작해 보지요. 나의 이름은 호르텐스 손부시, 이른바 노처녀입니다. 사실 난 그리 늙지 않았어요. 마흔둘이니까요. 하지만 마흔둘이면 결혼 적령기는 훨씬 지났으니, 아직 백마 탄 왕자님을 기다리고 있는 처녀 입장에서 보면 늙은 게 사실은 사실입니다. 그건 그렇고 나의 인생담은 길이가 전혀 다른 두 부분으로 되어 있습니다. 제1부는 '내게—부(部)(Me-part)'로서, 서른아홉 살까지를 포괄합니다. 제2부는 '내가—부(部)(I-part)'로서 고작 3년 전에 시작되었지요. 이 두 부 사이에는 내가 '사건'이라고 부르는 굵은 분계선이 놓여 있습니다. 하지만 그에 대한 더 자세한 이야기는 나중으로 미루죠.

 내 인생의 제1부 혹은 '내게—부'는 슬픔으로 점철되어 있습니다. 우선, 나는 아주 못생긴 계집애로 태어났지요. 그다지 추한 몰골은 아니었습니다. 차라리 그랬더라면 최소한 주위의 동정이라도 샀을 테니까요. 그저 못생기고 소박했으며 매력이 없었을 따름이죠. 그로 해서 사람들은 날 눈길 줄 만한 아이가 못 되는 것으로 무시했습니다. 그때 내게 호르텐스('밭, 정원'의 뜻에서 나온 여자 이름:편집자 주)라는 이름이 붙었는데, 그 이름 자체에 이미 노처녀의 울림이 깃들어 있었지요. 애비게일('나의 아버지가 기뻐하시다.'라는 뜻의 이름:편집자 주)이나 프루던스('현명함, 신중함'의 뜻:편집자 주)로 불렸더라면 더 좋았을 것을. 그러나 분명히 해두지만, 불우한 어린 시절을 보냈다고 말할 수는 없어요. 부모님에게선 어떤 부모라도 베풀 필수적인 보살핌을 받을 만큼 받았으니까요. 하지만 그분들은 어딘지 모르게, 자신들의 못생긴 아이에게 진정으로 따뜻이 대하시진 않았어요. 그리하여 나는 겁 많고 수줍은, 누구 하나 파티에 초대한다거나 데이트 신청 한번 해주지 않는 유형의 처녀로 성장했습니다.

 결혼할 나이가 된 처녀라면 누구나 그렇듯 내 가슴에도 당연히 백마 탄 왕자님을 만나 그와 사랑에 빠지고 싶은 생각이 자리잡기 시작했지요. 하지만 그런 일은 일어나지 않았습니다. 어떤 젊은이도, 벌써 노처녀처럼 행동하는 칙칙하게 생긴 처녀를 한번 보면 두 번 다시는 눈길을 주지 않았어요. 눈길을 한 번 더 주는 작자들은 여자를 지나치게 밝히는 이들뿐이었지요. 하지만 그들은 치마만 둘렀다 하면 통나무라도 쫓아다니는 자들이니, 내게도 물론 그런 낙인이 찍힌 사내들 정도는 물리칠 만한 센스는 있었습니다.

어쨌든 세월은 흘렀고 나는 내게 관심을 가진 그 누구도, 그리하여 그럴싸한 남편이 되어 줄 그 누구도 만나지 못하고 있었습니다. 그래서 세월이 갈수록 나는 내 운명으로 해서 점점 더 침울해지게 되었지요. 인생이 내 곁을 모른 척 스쳐 지나가는 듯 했습니다. 급우들은 모두들 결혼을 해서 애들 키우느라 정신이 없는데, 나는 여전히 제자리 걸음을 하고 있었어요. 말하자면 어떤 일이 일어나기까지는 말입니다.

한편 달리 어떤 특별한 이유가 있어서라기보다는 권태 때문에 신앙에 큰 관심이 쏠렸습니다. 성서 공부 모임에 들기까지 했으니까요. 하지만 나는 거기서 큰 도움은 얻지 못했어요. 낭패스럽게도 성서에는 노처녀들에 대한 이야기는 거의 없었기 때문입니다. 사실 그런 이야기는 단 한 줄도 없고, 다만 과부들과 동정녀들에 대해서만 스쳐 지나가는 듯 언급되어 있을 뿐이었습니다. 법적으로는, 내 생각이지만 나는 동정녀로 분류될 것이었습니다. 하지만 나는 어떤 식으로든 내 처지를 하느님의 부르심에 의해 성별된 소명으로 택한 적은 없었으므로 종교적 의미에서의 진정한 동정녀는 아니었지요.

그렇지만 그러는 동안 내내 나는 결코 주변 사람들을 달달

볶는 신경질적이고 변덕스런 유형의 노처녀는 되지 않았습니다. 정말입니다. 나는 오히려 유순하고 온화해서 어딘가 늘상 애도 중에 있는 사람 같은 데가 있었어요. 사실 나는 애도하고 있는 기분이었습니다. 쓸모없는 나의 인생과, 내 장례 땐 나를 위해 애도해 줄 사람 하나 없으리라는 사실에 대한 애도 말입니다. 물론 겉보기의 유순하고 물러터진 여성을 넘어 더 깊은 속에는 항상 미친 듯이 날뛰며 저항하는 암호랑이가 있어 가끔씩 직설적인 풍자와 통렬한 비평으로 나의 욕구불만을 표출하기도 했습니다. 그것들은 모두 경건한 신앙행위의 형태를 띠고 표출하고 있었지요. 그 밑바닥에서는 하느님과 인생과 그 모든 것에 대해서 길길이 성깔을 부려 대고 있었습니다. 아무도 나를 돌봐 주지 않고 아무도 나를 쳐다보지 않았으며 아무도 나를 사랑하지 않았기 때문이었지요. 이런 것들이 그 시절 나의 최우선의 관심사였어요. 무엇이 '내게' 일어났는가가 중요했던 것입니다. 그러므로 내가 앞에서 내 인생의 그 기간을 '내게—부'라 했을 때, 그것은 내가 지독히도 불행했던 한 시절을 가리키는 겁니다.

그러고는 그 '사건'이 다가왔어요.

그토록이나 사소한 일(그 '사건'을 두고 하는 말이다.)이 어떻게 내 인생에 그토록이나 심대한 영향을 줄 수 있었는지를 이해하시려면, 먼저 내가, 흔히 황금률이라고 불리는 한 특별한 성서 구절을 어떻게 이해하게 되었는지부터 들으셔야 합니다. 그것은 이런 구절입니다.

"너희는 남에게서 바라는 대로 남에게 해주어라."

무의식적으로 나는 늘 이 구절을, "세상을 보고 미소를 지어라. 세상도 그대에게 미소지으리니." 하는 격언이나 '친구 만드는 법과 사람 움직이는 법'과 같은 처세술 비슷한 어떤 것으로, 아전인수식으로 이해하고 있었어요. 다시 말하면 나는 진심으로, 예수님이 우리의 사회적 성공을 보장해 주는 '데일 카네기식' 비결을 전수해 주신 것이라고 믿은 거지요. 남에게 대접받길 원하거든 먼저 대접하라는 식 말입니다. 예수님 말씀을 이런 식으로 이해할 때 생기는 문제점은, 그것이 '내게'가 항상 우리 행위의 중심이 되는, 기본적으로 이기적인 태도를 조장하게 된다는 점입니다. 뭔가 좋은 일이 내게 행해질 것이기 때문에 좋은 일을 합니다. 그리하여 궁극적으로 내가 내 행위의 정해진 수혜자가 되는 거지요.

예수님을 이런 식으로 이해할 때 범하게 되는 또 하나의 오류는, 그분 말씀을 사회적 성공의 비법으로 이해한다면, 그 말씀들은 항상 옳지는 않을 것이라는 점입니다. 나는 이 사실을 알고 당황하고 말았지요. 하지만 평생을 사람들에게 친절히 대하고자, 그들에게 도움이 되고자 애를 썼건만 나는 결국 노처녀가 되고 말았잖은가? 이것이 내 온갖 노력에 대한 보상이란 말인가? 당연히 이런 식으로 다른 사람의 애정을 얻어 보려 노력하다 실패를 몇 번 맛보고는 더 좌절하고, 인생이 불만스러워졌으며, 침울해지고 노처녀의 특성을 보이게 되었지요. 그리고 그것은 말하자면 내가 항상 망원경을 거꾸로 보고 있었기 때문이었습니다.

이런 배경을 알게 되었으니 이제 그 '사건'의 특별한 성격을 이해하실 수 있겠지요.

사실 내가 앞에서도 밝혔듯이 그 '사건'은 아주 사소한 일이었어요. 그 자체로는, 그것은 그 자리에 있었던 다른 사람들조차도 거의 느낄 수 없었던 것이었지요. 하지만 나에게 그것은 내 인생 행로를 바꾸어 놓은 것이었습니다. 그 '사건'이란 게 정확히 무엇이었냐고요? 아주 간단한 것—강론이었습니다. 그것은 황금률에 대한 한 주일(主日)의 평범한 강론이었던 것입니다.

그 강론에서 신부는 예수님 말씀을 내게 아주 새로운 방식으로 설파했습니다. 나중에야 확신하게 되었지만 그 방식만이 궁극적으로 유일하게 올바른 것이었지요.

그 방식이야말로 사랑에 대한 그분의 나머지 가르침에 부합되는 유일한 것이었기 때문입니다. 그 신부가 말한 것은 대강 이런 것이에요.

예수님이 우리더러 '남에게 바라는 대로' 남에게 해주라고 하셨을 때, 우리는 그분 말씀의 이 첫 부분을 '목표'로 이해해서는 안 되며 '지침'으로 보아야 한다는 것입니다. 다시 말하면, 남들을 어떻게 대해야 하는가 알고 싶으면 입장을 바꾸어서 내가 그들이라면 어떻게 대접받고 싶은가 자문해 보라는 것이지요. 그러면 그들을 제대로 사랑하려면 어떻게 해야 할지 알 수 있는 좋은 기회가 될 거라는 것입니다. 그러므로 초점은 더 이상, 이웃에게 선행을 했다고 해서 그 보상을 바라는 '내게'에 맞추지 말고, 그 선행이 보상을 받든 말든 이웃을 위해 그 일을 하려고 작정하는 '내가'에 맞추어야 한다는 것입니다.

아마 이 모든 이야기가 침소봉대로 들릴지도 모르겠습니다. 그렇지만 그 신부가 말하고 있는 바의 완전한 의미를 파악했을 때, 나는 그때 하느님이 친히 오셔서 내 마음에 대고 말씀하고 계시다는 것을 알았습니다. 그분의 말씀에는 이전에 내가 한 번도 경험해 보지 못한 명료함과 절박함이 있었어요.

"회개하여라. 하느님 나라가 가까이 왔다. 너의 인생관을 완전히 바꾸어라. 남이 너에게 무엇을 해줄까 묻지 말아라. 대신 네 자신이 남들에게 무엇을 할 수 있을까 자문해 보아라!"

그러니까 그것은 3년 전이었습니다. 그리고 지난 3년 동안 나는 내가 이해한 방식대로 황금률을 좇는 최선의 삶을 살기 위해 애썼어요. 그것은 내가 단단한 껍데기를 벗어 던지고, 되받을 보상을 생각지 않고 다른 사람들을 위한 일을 하기 시작했다는 뜻이지요. 나는 젊은이들의 성서 모임을 지도하고, 애 봐주기를 자원했으며, 병든 이들을 문안하고, 외로운 사람들에겐 친구가 되어 주고, 가치 있는 사회복지 운동을 후원했으며, 수많은 봉사활동에 참여했습니다. 행복하느냐고 묻지는 마세요. 그런 문제들에 대해서라면 하등의 관심도 없어졌으며, 게다가 지금 나는 하루에도 열 번씩이나 심리 리듬 테스트를 하는 데에 내 시간을 허비할 필요가 없으니까요. 하지만 한 가지는 분명해요. 나는 아직도 노처녀이지만, 그 때문에 느끼는 괴로움은 조금도 없다는 점입니다. 거기다 나는 지금 펄펄 '생기가 넘치고' 있으니까요.

내가 죽으면 누군가 애도할까요? 모르겠어요. 하지만 내가 아는 것은 내 장례식에서 사람들이 불러 줄 노래는 슬픈 노래는 아니라는 점입니다. 그건 장담할 수 있습니다. 사람들이 나를, 늘 이처럼 기쁘게 지내던 노처녀로 기억할 테니까요.

17
귀중한 아픔

"바로 그 성령께서 우리가 하느님의 자녀라는 것을 증명해 주십니다. 또 우리의 마음 속에도 그러한 확신이 있습니다. 자녀가 되면 또한 상속자도 되는 것입니다. 과연 우리는 하느님의 상속자로서 그리스도와 함께 상속을 받을 사람입니다. 우리가 그리스도와 함께 고난을 받고 있으니 영광도 그와 함께 받을 것이 아닙니까? 장차 우리에게 나타날 영광에 비추어 보면, 지금 우리가 겪고 있는 고통은 아무것도 아니라고 생각합니다. 모든 피조물은 하느님의 자녀가 나타나기를 간절히 기다리고 있습니다.

  우리는, 모든 피조물이 오늘날까지 다 함께 신음하며 진통을 겪고 있습니다. 피조물만이 아니라 성령을 하느님의 첫 선물로 받은 우리 자신도 하느님의 자녀가 되는 날과 우리의 몸이 해방될 날을 고대하면서 속으로 신음하고 있습니다."

로마 8,16-19. 22-23

"그런즉 우리의 근본적 불안은 정교한 신경학적 현상임과 동시에 하느님이 내리신 무척이나 귀중한 선물이다. 그것은 어떤 이상(異狀)의 징표가 아니라 우리가 상상도 못해 봤을 정도로 지극히 정상적인 어떤 것의 징표이다.

  그것은 풀어야 할 문제나, 처치해야 할 병리현상이나, 치료해야 할 질병이 아니라 우리의 진정한 보물이요, 우리가 가진 가장 귀한 것이다."

제럴드 G. 베이,「집착과 은총」

귀중한 아픔

 사람들이란 자기 삶에 결코 완전히는 만족할 수가 없다. 우리의 운명은 늘 뭔가 잘못되어 있는 것 같다. 한데 볼메디아라는 고대 왕국의 누리 왕은 이 점에서는 우리와 똑같았다. 그 역시 자신의 인생이 평안과 완전과 충만을 결여하고 있다고 생각했다. 하지만 그는 왕이었으므로 불만을 전 왕국에 알려서 함께 느끼도록 할 수 있었다. 그리고 그는 실제로 꼭 그렇게 했으니, 이것저것 할 것 없이 별의별 것에 대해서 하루 종일 고래고래 외쳐 댔던 것이다. 그 지경이었으니, 조신들과 종복들은 온통 난리가 나서 그의 기분을 풀어 줄 수단과 방법을 찾느라 법석을 떨었다. 정원사장 크로니온 노인을 빼고 모두가 그랬다. 그는 왕의 요구가 극도로 불합리할 때도 무사태평이었다. 그래서 왕의 시복들이 저희끼리 "전하께선 불가능한 걸 요구하신다 말이야." 하면서 심히 불평이라도 할라치면 크로니온은 조용히 미소지으며 고개만 젓는 것이었다. 마치 왕의 태도는 완전히 정상적이라고나 말하듯이.
 이 사실이 이 늙은 정원사를 알고 있는 모든 사람을 놀라게

했다. 그는 큰 지혜를 가진 사람으로서뿐 아니라, 그 경건함이 그의 모든 행동을 통해 빛을 발하는 그리스도인으로 존경을 받고 있었기 때문이다. 사실 온 궁중 사람들이, 크로니온이 왜 그토록, 모든 것에 대해 끊임없이 불평을 늘어놓는 왕에 대해 관대한지 궁금해했다. 이 점에 대해 질문을 받으면 그는 미소만 짓고 화제를 돌려 버리곤 했다. 이 일과 관련해서 그가 하는 일이 딱 하나 있긴 했지만, 그것은 제 정원사 오두막에서 남몰래 하는 일이었다.

이 오두막은 궁정 정원의 먼 한 귀퉁이에 외떨어져 있어서 아무도 그 가까이까진 가본 사람이 없었다. 거기서 크로니온은 메난더라는 앵무새 한 마리 길렀는데, 비번일 때면 새에게 말을 훈련시켰다. 그가 앵무새에게 가르치는 것은 모두 왕의 고질적인 만성적 불만에 대한 자신의 해석이었다. 그는 이 문제에 관한 특정한 질문을 주고 메난더가 이에 대답하도록 가르치는 것을 즐기기까지 했으므로, 그 둘은 마치 지적인 대화라도 나누고 있는 듯이 보였다. 온통 왕의 이상야릇한 버릇에 대한 대화를 말이다.

평상시였다면 아무도 크로니온의 소박한 놀이에 대해 알려고 들지 않았을 것이다. 그의 오두막은 그렇게 한적한 곳에 위치해 있었던 것이다. 한데 어느 날, 크로니온의 자리를 늘 시샘하던 마카르라는 그의 보조 정원사 하나가 그곳을 지나다가 그가 앵무새와 나누고 있던 대화 한 토막을 무심결에 듣게 되었다.

크로니온의 명예가 실추되길 바라면서 마카르는 누리 왕에게 즉시 이 일을 보고했다. 그리고 결과는 그의 소원대로 되었다. 정원사장은 반역 및 불경죄로 체포되어 메난더와 함께 왕 앞에

끌려갔다. 메난더는 노인의 유죄를 증명할 증인으로 이용될 것이었다. 하지만 크로니온의 표정은 이런 소동 속에서도 호수처럼 평온했다.

정원사장이 어전에 당도하자마자, 성난 누리 왕은 정원사장에게, 왕의 만성적 불만과 관련해 앵무새에게 은밀히 가르친 것이 무엇인지 온 조신들 앞에서 밝히라고 다그쳤다. 크로니온은 조금도 망설임 없이 즉시 나서서 앵무새와 늘상 하던 일을 보여 주었다.

그는 자신의 애완 동물에게 말했다.

"말해 봐, 메난더. 전하께서 언젠가는 만족하시겠지, 안 그래?"

앵무새가 소리쳤다.

"이런, 쯧쯧! 그건 불가능해! 전하께서는 불가능한 걸 원하신다고!"

말하자면, 시기심 많은 마카르는 그들 대화의 첫 부분만을 듣고 크로니온이 왕의 권위에 도전하고 있다고 확신해 버린 것이었다. 마카르로서는 나머지 대화는 듣지도 않은 채 너무 성급하게 행동한 게 불행이었다. 만일 들었다면 윗사람을 고자질하는 데 그 대화를 이용하려 들지 않았을 것이다.

당연히 누리 왕은 이 첫 대목을 들었을 때 정원사장에 대한 분노가 치밀었다. 하지만 정원사장은 침착하게 앵무새와의 대화를 계속했다.

"정말? 그럼 전하께서는 왜 불가능한 것을 원하실까?"

"이런, 쯧쯧! 그것이 불가능한 것이기 때문이지."

"그래?"

노인이 진지하게 대꾸했다. 그러고는 앵무새의 생각을 헤아려 보고 있기라도 한 듯 그는 깊은 생각에 잠긴 자세로 어전 마루를 이리저리 걷기 시작했다. 그가 말을 이었다.
"메난더, 너는, 전하께서 그것이 불가능하기 때문에 불가능한 것을 원하신다고 말했어. 왜지? 말해 봐."
"이런, 쯧쯧!"
앵무새가 내뱉었다.
그러자 크로니온은 마치 어려운 수수께끼를 드디어 풀어 내기나 한 것처럼 자기 이마를 쳤다.
"이제 알았어! 전하께서는 진정 하느님을 갈망하시는 거야. 그 외엔 그분을 만족시킬 만한 게 없다고. 그러니까 내 말은 말이야, 전하께서는 우리 인간들에 대해서 모두를 다 좋아하시니까, 그분은 이상이 없으시다는 거야. 안 그래, 친구?"
'친구'가 신호였다. 앵무새는 이 말을 듣자마자 반사적으로 고개를 몇 차례 끄덕이더니 단가 한 수를 단조로운 억양으로 풀어 내는 것이었다. 내용은 이랬다.

"전하께서는 이상이 없네.
다만 침에 찔린 상처만이 있을 뿐이니
하느님 사랑의 침이
당신 가슴을 꿰뚫었음이라."

이 시구들이 앵무새와 크로니온의 대화의 대미를 장식했다. 그러고는 노(老)정원사는 왕 쪽으로 몸을 돌려 정중히 절을 했다. 그는 미소를 지으며 말미를 맺었다.
"전하께서 보신 대롭니다. 저는 국가 전복이나 대역에 해당하는 짓은 아무것도 한 적이 없습니다. 저는 다만 앵무새에게, 인간의 마음이란 하느님께 의지하기 전에는 늘 불안하다는 걸 가르쳤을 뿐입니다."

자신의 고질적인 불만에 대한 크로니온의 해석을 들었을 때, 누리 왕의 분노는 봄눈 녹듯 사라져 버렸다. 그는 물론 그 아무것도 자신을 만족시키지 못하리라는 것을 잘 알고 있었다. 하지만 이제는 마침내 왜 그랬는지 이해했다. 성자 같은 정원사장 덕분이었다. 사실 누리 왕은 지금 정원사장의 깨우침, 큰 해석에 깊은 감사를 느끼고 있었다. 그리하여 그는 즉시 죄인을 풀어 주라 명하고, 그에게 사과함과 동시에 그가 끼고 있던 반지들 중 하나를 감사의 표시로 주기까지 했다. 하지만 크로니온은 선물을 정중히 사양했다. 그는 미소를 머금은 채 마음 속 생각을 털어놓았다.

"폐하, 전하의 정원에 핀 꽃만으로 족합니다. 저는 늘 눈을 통해서 하느님의 보석들을 받고 있답니다. 그것이면 충분하옵니다."

물론 노인의 초연함을 보고 왕은 큰 감동을 받았다. 그가 선선히 동의했다.

"옳도다, 한 마디도 어긋남이 없이 그대가 옳도다. 나를 기쁘게 한다는 건 진정 불가능한 일이야. 그러니 나의 만성적인 불만을 제거하기 위해 내 나의 모든 보물을 기꺼이 내주리라."

크로니온이 응수했다.

"그렇지만 폐하, 그 불만이야말로 전하의 가장 큰 보물입니다. 사실 인간은 이 세상 삶에서 결코 완전히는 만족할 수 없게 되어 있습니다. 하느님께서는 우리 마음 속에 당신에 대한 그리움을 심어 놓으셨습니다. 그것은 즉, 천국에서 그분과 결합될 때에만 끝날 수 있는 아픔입지요. 그때까지 우리의 이 아픔을, 영혼에 울리는 하느님 사랑의 노래로 소중히 간직해야 할 것입니다."

이 깨달음의 말이 어전에 나왔던 모든 이의 가슴 속을 파고들었다. 모두 그 말이 인간 존재의 과거, 현재, 미래를 두루 간파하고 있음을 본능적으로 알았기 때문이다.

크로니온은 자기의 앵무새를 누리 왕에게 선물했고, 이 사건이 있은 후로 왕은 전과는 다른 사람이 되었다. 물론 그는 여전히, 지금의 우리처럼 삶으로 인해 아프고 불만스러웠지만 이젠 현명해졌다. 왕은 자기의 아픔을 사랑하게 되었던 것이다.

18
올리브의 녹색 혁명

"주민의 발에 밟혀 땅은 더러워졌다. 그들이 법을 어기고 명을 거슬러 영원한 계약을 깨뜨린 때문이다."

이사 24,5

"세상이 준 선물을 더럽히고 흠집내며 훼손함은 창조주 얼굴에 침뱉기이다. 그러나 세상 안에서 기쁨을 얻는다는 것은 하느님 안에서 기뻐함이며 그분과 같이 됨이다. 그분은 창조물 안에서 기쁨을 얻으시는 분이시니."

더글러스 보먼 마이클 다우드, 「땅의 정령. 생태학적 그리스도교의 성장을 위한 안내서」

올리브의 녹색 혁명

　이 이야기는 사실이다. 아주 오래 전 21세기 초에 일어난 일이긴 하지만 말이다.

　올리브 둘리틀은 늘 조용한 여자였다. 조용했지만 유능했다. 사장의 신임받는 비서였던 그녀가 연합화학에서 퇴직했을 때, 그 회사에 뭔가 중대한 일이 벌어지리라고 생각한 사람은 하나도 없었다. 회사 입장에서는 다만 서른다섯 해 가량 근무한 쓸만한 사원 하나를 잃었을 뿐, 그것이 전부였다. 흔해 빠진 것이 비서였으니, 둘리틀의 자리를 메우는 일이야 쉬운 것이다.
　그녀가 회사 안팎의 일을 죽 꿰고 있어서(그녀는 20년 이상 모든 이사회의 회의록을 기록해 왔었다.) 어떤 신참에도 비할 바가 못된다 하더라도 말이다. 새로 오는 비서는 틀림없이 더 젊고 더 아름다울 것이며, 연로한 올리브 둘리튼보다야 훨씬 더 생기발랄할 게 분명했다. 어쨌든 그녀는 이제 연금을 받고 퇴직하여 편안한 생활을 누리고 있었으며, 사실 그것이 그녀에게 남은 전부였다. 연합화학은 물론 그녀에 대한 소식을 더 이상

듣지 못할 것이다.

하지만 "하느님은 19세기에 죽었다."는 소문이 자자했음에도 여전히 우주를 주재하시는 하느님은 다른 계획을 갖고 계셨다.

올리브는 이렇다 할 가족도 없었으므로 양로원에 들어가 살기로 작정했다. 그곳은 사회가 그들 연장자들을 우아하게 내다 버리는 장소이다. 거기서 그녀는 이따금씩 실내 게임과 뜨개질 경연대회라는 인공 양념이 곁들여진 따분한 생활을 시작했다. 늙은이는 사회의 기생 계층, 즉 이제는 너무나 오래 살아서 쓸모가 없음에도, 그들이 아직은 소비자이기 때문에 여전히 관대히 받아들여지고 있다. 그래서 우리 시대의 적극적인 하느님 숭배자이며, 또한 사회 봉사 활동가들과 보건 전문가들에게 일자리를 제공해 주고 있는 시민 집단이라는 것이다.

거기에다 연장자들은 과거에 살고 있고, 현재에 대해서는 거의 알지 못하며, 미래의 거대한 변화에 대해서는 완전히 이해 불능이라는 가정이 추가된다. 결과적으로, 그들을 위해 채택할 수 있는 가장 인자한 정책이라면 그들의 안락을 보장하고 연 1회 방문하며, 그들이 자비롭게도 자신들의 존재라는 짐을 우리에게서 덜어 주는 날을 맞이하게 될 때 장례식에 참석하는 게 고작이다. 이런 것이, 불행히도 수많은 연장자들을 스스로 타락하게 만드는 우리 시대의 철학이다. 그들은 이런 허위의식을 가감 없이 그대로 받아들이고 있다는 말이다. 그리하여 당연하게도, 은퇴한 올리브 둘리틀 역시 그 법칙에서 예외가 아니었다 최소한 처음에는.

그러다가 그녀는 생태학적 위기를 발견했다. 그로 인해 그녀의 삶은, 그리고 말할 것도 없이 그녀에게 영향을 받을 수많은 사람들의 삶이 총체적으로 바뀌게 될 것이다.

첫번째 일어난 일은, 둘리틀은 점차 지구라고 불리는 이 특별한 생태계에 살고 있는 한 종(種)으로서의 우리의 잠재적 자살과 관계된 사실들을 알게 되었다는 것이다. 그녀는 우리가 매초마다 축구장 하나 정도로 지구 표면의 다우림(多雨林)을 제거해 가고 있다는 것을 알게 되었다. 우리의 탐욕스런 마구잡이식 경작으로 인해 우리는 해마다 180억 톤의 표토(表土)를 잃고 있으며, 빠른 속도로 경작지를 소모해 가고 있다. 자동차와 공장은 대기를 오염시키고 있으며, 우리는 매년 820억 톤의 유독 폐기물을 지구의 혈관 속에 주사하고 있다. 또 우리는 매년 2만 종의 동식물을 멸종시키고 있다. 방사능 쓰레기를 축적시키고, 대기 중의 오존층을 엷게 만들며 이 혹성의 미묘한 열 평형을 위협하고 있다. 다시 말하면 우리는 지금 우리 자녀와 손자들을 위해 유독성 지옥을 하나 준비하고 있는 것이다. 이런 것들이, 올리브 둘리틀이 은퇴 후에 '녹색 혁명'에 대해 듣기 시작하면서 알게 된 사실들이다.

노인들에 대해서 지금 우리 모두가 갖고 있는 오해 중 하나는 그들이 과거에 살고 있다는 것이다. 사실 그들 중 몇몇은 그렇다. 하지만 대다수는 그렇지 않다. 반대로, 연장자들은 인류의 '총체적' 미래에 대해서 다른 사람들보다 훨씬 더 많은 관심을 갖고 있다. 적극적인 성인들은 현재 자기의 생존과 성공과 가족 등에 강한 집착을 보이는 반면, 젊은이들은 자기의 '개인적' 미래에 초점을 맞추기 때문이다.

인생의 오후에 접어든 사람들이 미래에 대해 이렇듯 관심을 갖는 이유 중 하나는, 죽음에 임박한 사람들이기에 그들은 인생의 가치와 존엄성에 대해 훨씬 성숙한 의식을 가지고 있는 까닭이다. 또한 연장자들은 눈앞의 이익에 그리 많은 영향을 받지는 않으므로, 장기적으로 무엇이 지구에 더 바람직한 것인가에 대해 훨씬 긴 안목을 가질 수 있는 것이다.

마지막으로 노인들은 당연히 비이기적 사랑을 할 수 있는 가능성이 더 크며, 가치에 대해 더 민감하고, 질 높은 삶을 미래 세대에게 물려주고 싶은 마음이 훨씬 더 간절하기 때문이다.

이 모든 이유들 때문에 둘리틀은 진행 중인 지구 파괴와 다가온 생태학적 자살을 심심한 우려의 감정 없이는 지켜 볼 수 없었다. 그녀는 생각했다.

'탐욕과 근시안적 생각이 신성한 하느님의 창조물을 모독하고 있는데도 수동적으로 받아들이고만 있다면 어떻게 그리스도인이라고 할 수 있겠는가?'

사실 그녀의 심정은 우려를 넘어선 것이었으니 가히 경악이라 할 만했다. 물론 그녀는 자신의 심정을 양로원 친구들과 함께 나누게 되었다. 그러자 그들도 그녀만큼이나 불안에 빠지고 말았다. 그들의 반응을 보면서 그녀는 다소 힘을 얻었다. 충분한 사람들이, 자기처럼 늙고 쓸모없어 보이는 사람들일지라도, 동원된다면 뭔가 해낼 수 있을 것이다. 하지만 정확히 무슨 일을 할 것인가?

연합화학과 같은 대기업에서 오랫동안 일한 경험이 빛을 발하는 순간이었다. 그 경험이 한 아이디어의 실마리를 제공했기 때문이다. 통 크고 지나치다 싶을 정도로 과감한 계획이 그녀의 머릿속에 떠올랐다. 그것은 오직 가장 결연한 의지를 가진 사람들만이 성취하길 바랄 수 있는 일종의 소리 없는 혁명을 요구했다. 물론 올리브는 자기가 염두에 두고 있는 일에 따르는 어려움이 얼마나 클지 잘 알고 있었지만, 그것이 그녀를 제지하진 못했다. 그녀는 기도하고 오랫동안 신중히 생각하고 나서 행동에 들어갔다.

　그녀의 계획은 간단히 설명하면, 연합화학을 인수해서 그것을 친(親)환경 기업으로, 예를 들면 분해 가능한 쓰레기들을 사용해서 유기질 비료를 생산하는 공장과 같은 그런 기업으로 개조하는 것이었다. 어떻게 인수할 것인가? 그것이 난점이었다. 당연하게도 그것은 평화적으로, 합법적 수단으로 이루어져야 했기 때문이다. 그것은 다시 말하면 새로운 대주주가 그 회사를 지배할 수 있을 때까지 점진적으로 의심을 사지 않게 연합화학의 주식지분을 사버리는 것이었다. 그러니까 회사의 이사회가 어떤 응집력 강한 집단이 이사회를 방해하며, 실제로 회사를 사들이는 과정에 있다는 것을 눈치채지 못하도록 명의상의 구매자들, 즉 얼굴 마담 '전방 부대'를 세운다는 말이었다. 이 모든 일이 기밀과 완벽한 타이밍, 그리고 증권시장의 내적 동향에 대한 정상급 정보를 요구했다. 그 누구의 기라도 꺾어 놓을 수 있을 정도로 말이다. 하지만 둘리틀 양은 그저 그렇고 그런 변변찮은 사람이 아니었다. 그녀는 분명히 조용한 여자였다, 분명히. 그렇지만 그녀는 유능했고 욕구가 강렬했다. 일단 그녀의 결정이 하느님 앞에서 이루어졌으니 인간의 힘으로는 그녀를 저지할 수 없을 터였다.

　그녀의 첫번째 조처는 나이 든 부자들과 지식인들을 접촉해서 자기 계획을 솔직히 밝히는 일이었다. 그들은 그녀의 대담성에 아연했지만 관심을 보였다. 그 다음엔 모임을 열었다. 처음엔 수십 명, 나중엔 수백 명의 주변 노인들이 모였다. 그들은 그녀의 계획을 진중히 듣고 많은 질문을 했으며, 마침내는 그것을 승인했다. 그러고는 연합화학의 주식지분을 구매하는 데 모든 관련 당사자들에게 길잡이 구실을 할 위원회를 구성했다. 이 작전에 참여한 연로한 사람들 중 많은 이들이 어렵게 번 생활비를 이런 모험에 걸었다. 하지만 그들은 지구를 구하는 데 미력이나마 보탬이 된다면 기꺼이 무일푼으로 죽을 각오가 되어 있었다.

자, 이야기를 간단히 줄이자. 드디어 이 은퇴자 동아리가 연합화학을 인수할 날은 왔고, 그들은 그 회사를 생태계의 적이 아니라 동맹자로 만드는 자신들의 꿈을 실현했다. 그렇게 해서 그들은 녹색혁명과 우리 지구의 녹색화에 중요한 공헌을 했다. 실제로 그들은 자기들의 계획을, 올리브 둘리틀을 기념하기 위해 '올리브 그린'이라 명명했다. 또한 말할 필요도 없이 그들 노인들은 모두가 자신들의 통일된 집단행위가 세상의 경직된 구조에 실질적인 변화를 가져올 수 있었다는 데 대해 한없이 기뻐했다. 게다가 작전이 모두 종료됐을 때 그들은 보상까지 받아 작은 이득도 보았다.

하지만 그것은 출발일 뿐이었다. 올리브의 생각은 전국적인, 전세계적인 노인들의 연락망을 통해 삽시간에 퍼져 갔다. 곧 환경 보호에 냉담한 다른 기업들이 소리 없이 매수되어 생태계 치유의 노선으로 전환되었다. 그리고 당연한 이야기이지만, 그 운동이 한번 사회의 주요 그룹들에게서 지지를 얻었으니 아무것도 거칠 게 없었다.

'비생산적'이라는 생각이 지배적인 연로한 은퇴자들의 세대에 의해 우리의 연약한 지구가 구제된 사건은 이렇게 벌어졌던 것이다. 그리고 우리 23세기의 지구인들이 변함 없이 우리의 사랑스런 별을 향유할 수 있음은, 그 모든 게 다 그들 용기 있는 연로한 이들 덕분임을 알아야 한다.

이 이야기의 교훈은 지극히 단순하다. 늙은 노새라고 결코 무시하지 말라는 것이다. 그 발굽에 얼마나 많은 타격을 받을지 알 수 없기 때문이다. 때로는 노인들이 반쯤 죽은 듯이 보일지도 모른다. 하지만 누가 아는가? 그가 최후의 멋진 한방을 날릴 준비라도 하고 있을지.

19
세 개의 그릇

"내가 굉장한 계시를 받았다 해서 잔뜩 교만해질까 봐 하느님께서 내 몸에 가시로 찌르는 것 같은 병을 하나 주셨습니다. 그것은 사탄의 하수인으로서 나를 줄곧 괴롭혀 왔습니다. 그래서 나는 교만에 빠지지 않게 되었습니다. 나는 그 고통이 내게서 떠나게 해주시기를 주님께 세 번이나 간청하였습니다. 그러나 주님께서는 '너는 이미 내 은총을 충분히 받았다. 내 권능은 약한 자 안에서 완전히 드러난다.' 하고 번번이 말씀하셨습니다. 그래서 나는 그리스도의 권능이 내게 머무르도록 하려고 더없이 기쁜 마음으로 나의 약점을 자랑하려고 합니다. 나는 그리스도를 위해서 약해지는 것을 만족하게 여깁니다."

2고린 12,7-10

"우리는 집착으로 인해, 우리 혼자 힘만으로는 큰 계명들을 지킬 수 없게 될 뿐이라 대다수의 우리는 수없이 시도해도 실패하고 만다. 우리 중 어떤 이들은 그 계명들이 사실은 우리의 가장 깊은 바람임을 깨닫기도 한다. 우리는 거기에 우리의 삶을 바치려 하지만 역시 실패한다. 나는 우리의 실패가 반드시 필요한 것이라고 생각한다. 우리가 가장 진솔하게, 가장 완전하게 은총에 의지할 수 있는 것은 바로 실패와 절망 속에서이기 때문이다."

의학박사 제럴드 G. 메이, 「집착과 은총」

세 개의 그릇

그들은 젊었고 패기만만했으며, 고상한 이상으로 가득 차 있었다. 스무 살 때 세 친구 막시민과 제비누스, 바빌라스는 철저한 자기 헌신을 통해 하느님을 섬길 꿈을 가졌다. 그리하여 자신들의 큰 소원을 이루어 줄 만한 삶의 유형을 찾고자, 경건할 뿐 아니라 현명한, 닐로폴리스 대수도원의 시릴 대수도원장을 찾아갔다.

대수도원장을 만나자마자 자만심에 찬 세 젊은이는 수도원의 목적과 수련방법에 대해 묻고는, 수사들의 이상이 충분히 고귀한 것이라는 사실이 분명해지면 닐로폴리스 공동체에 입회하기 위해 인도받을지 모르겠다고 덧붙였다.

시릴 대수도원장이 대답했다.

"이보게, 젊은이들, 우리의 노력은 우리의 주인이자 스승이신 분이 우리에게 남기신 두 가지 계명을 완수하는 데 그 목적이 있네. 정성을 다해 하느님을 사랑하며 네 이웃을 네 몸과 같이 사랑하라는 계명 말일세. 그것이 우리가 여기 사는 목적이고, 그 외에 달리 아무것도 없다네."
　이 말을 들은 우리의 세 친구는 실망이 컸다. 그들은 대수도원장이 견디기 힘든, 고행으로 가득 찬 가혹한 삶의 그림을 보여 주거나, 아니면 최소한 감명 깊은 복음적 권고라도 해주리라 기대하고 있었던 것이다. 그리하여 그들은 대수도원에서 기도와 자신들의 미래에 대한 숙고로 며칠을 보낸 다음, 닐로폴리스 수도원의 수사들이 좋아하는 생활을 공유하길 포기하고, 대신 철저히 자기 자신을 버리는 생활을 향한 자신들의 갈망에 어울리는 삶을 살아가기 위해, 멀리 떠나 가장 거친 광야에서 은둔 생활을 하기로 했다. 그들은 떠나기에 앞서 마지막 상담을 하는 자리에서 이런 계획을 시릴 대수도원장에게 알렸다.
　그 세 사람의 대표로서 막시민이 대수도원장에게 설명했다.
　"저, 원장님, 저희는 계명을 수행하는 것만으로는 만족할 수 없습니다. 더 높은 목표를, 그러니까 이 수도원 규정이 요구하는 것보다 훨씬 더 견디기 힘들고 금욕적인 삶을 요구하는 어떤 것을 바라고 있습니다."
　노(老)수사는 세 친구에게 부드럽게 미소를 지었다. 닐로폴리스 수도원의 목적과 수행법에 대한 자신들의 낮은 평가를 솔직히 표현하면서 보여 준 그들의 소박한 확신이 마음에 들었던 것이다. 그들이 떠나기 직전, 원장은 식사용 그릇 세 개를 주면서 "변변치 못한 우리 수도원의 기념품일세." 하고 말했다. 그릇은 거칠고 볼품없는 나무 그릇들로, 세계 곳곳의 수사들이 사용하는 비슷한 것들이었다. 한데 그 중 하나는 다른 두 개보다 조금 컸다. 젊은이들은 선물을 거절하고 싶었다. 철저한 내핍생활을 지향하는 자신들의 이상이 방해받을까 두려워서였다. 하지만 시릴 대수도원장은 다소 강경한 어조로 그것을 받으라고 강권하는 것이었다.
 그가 자신 있게 말했다.
 "이 그릇들은 자네들에게 큰 도움이 될 걸세. 상상도 할 수 없을 정도로 말일세."
 그러고는 자신의 사적인 부탁으로 일년 후에 닐로폴리스에 다시 와줄 것을 당부했다. 그들의 목표를 추구하면서 그때까지 성취할 큰 진보를 칭찬하는 기쁨을 누릴 수 있게 해달라는 것이었다. 그들은 그렇게 하마고 약속했다.
 닐로폴리스 수도원을 떠난 후, 그 세 친구는 한참을 여행한 끝에 자신들의 목적에 어울리게 대단히 거칠고 황량한 땅을 발견했다. 그들은 거기서 셋이 살 만한 오두막을 짓고 은둔생활을 시작했다. 실제적 의미로는 그들이 대부분의 시간을 기도와 영적독서 및 육체노동에 돌렸다는 뜻이다. 육체노동은 매일의 국거리들을 기를 채소밭을 가꾸는 일이었다. 그리고 이곳에서야말로 그 세 개의 국그릇이 진가를 발휘하는 터였다. 이 세 금욕주의들은 식사를 하루 한 끼로 줄였는데, 그것은 가득한 국 한 그릇이었기 때문이다.
 처음에는 세 사람 모두 한사코 서로에게 그 큰 그릇을 쓰라고 양보하면서 자기는 작은 그릇을 쓰겠노라 우겼다. 이렇게 상대방에 양보는 한동안 계속되었다. 하지만 스파르타식 섭생이 그들의 젊은 위장에 희생을 요구하기 시작하고 허기가—거의 항상 배고픈—기승을 부리게 되었을 때, 셋은 모두 음식 문제에 더 민감해지게 되었다. 그리고 시간이 흐름에 따라 국그릇 크기의 미미한 차이가 큰 의미를 띠게 되었다. 그러자 더 큰 그릇을 차지하고 싶은 욕망이 일기 시작했다. 그 후 더 작은 그릇을 갖겠노라는 각자의 고상한 고집은 점점 시들해지고 내키지 않는 일이 되어 갔다. 다음 단계가 불가피했다. 즉 그 문제에 대한 상대들의 진실성에 대한 의심이 각자의 마음을 좀먹기 시작했던 것이다.

예를 들면, 제비누스는 어느 날 막시민이 그 큰 그릇을 받아들이는 게 조금은 성급하다는 걸 알게 될 터였고, 다른 날 바빌라스는 제비누스가 믿을 수 있게 처신하려면 그 마음에 드는 그릇을 좀더 단호하게 거절했어야 했다고 느낄 것이었다. 이 초기의 불신은 곧, 왜 유독 자신이 다른 사람보다 더 자주 그 큰 그릇을 차지할 자격이 있는가와 관련한 각자의 속셈과 결합되었다. 연장자다. 최연소자다. 몸집이 더 크니 더 많은 자양이 필요하다. 몸이 야위었으니 영양 부족으로 인한 고통이 훨씬 크다. 낮에 가장 열심히 일했다. 전날 밤 잠을 제대로 자지 못했다. 등등.

다시 말하면, 그날은 누가 그 큰 그릇을 차지할 것인가 하는 나날의 문제가 세 친구의 진짜 강박관념이 되었고, 그런 만큼 더 그들은 기도와 영적독서에 정규적으로 할애된 시간의 더 많은 부분을 다음 식사 때 그 큰 그릇을 차지할 묘안을 짜내는 데 허비했다. 마침내, 이 밑바닥으로 흐르던 긴장이 무절제에 대한 비난과 역비난, 상호 트집의 추악한 모습으로 터져 나왔다. 그 모든 것이 그 큰 그릇 때문이었음은 물론이다.

그리하여 그 그릇을 가능한 한 공평하게 이용하려는 노력의 일환으로, 그들은 매 식사 전에 제비를 뽑아서 그 뽑기의 승자에게 큰 그릇을 할애하기로 결정했다. 이 방식은 한동안은 그 문제를 해결해 준 듯했다. 하지만 허기는 세 사람의 인식을, 특히 음식 문제에 대한 인식을 왜곡시키는 이상한 영향력을 갖고 있었다. 그리하여 조만간에 세 친구는 각자 다른 두 사람에

비해서 유독 자기만 운이 없다고 느꼈다. 각자의 생각에 다른 두 사람이 훨씬 자주 그 큰 그릇을 차지하는 것 같았던 것이다. 이 왜곡된 인식이 결국은 기도에 기울인 것이든, 영적인 일들에 기울인 것이든 모든 노력을 허사로 돌려 버렸다. 이것은 다시 말다툼과 신랄한 비난 속에 표현되는 또 하나의 악감정의 폭발을 초래했다. 큰 그릇의 사용이 임의적이 아니라 더 합리적인 방식으로 조정되어야만 한다는 게 분명해졌다.

그 다음의 방도는 문제의 그릇을 한 사람이 사흘에 한 번씩 차지하도록 돌아가면서 사용하는 것이었다. 이 방식도 한동안은 합리적인 것 같았다. 하지만 그 중 며칠은 축일이었고 어떤 날은 우연히 평상시보다 국물이 더 많았으므로, 이 세 젊은이는 각자 나머지 두 사람이 축일이나 음식이 좀더 나올 때 요행히 큰 그릇을 더 자주 차지한다고 느끼기 시작했다. 이번에는 이것이 기도 중 끝없는 분심의 근원이 되었고, 다시 한 번 아귀다툼이 뒤따랐다. 그릇 문제만큼은 완전히 다른 각도에서 다루어져야 할 것으로 생각되었다. 그렇지 않으면 그들의 영적생활 전체가 허사로 돌아갈 것이었기 때문이다.

바빌라스가 작은 그릇과 정확히 똑같은 양을 큰 그릇 안에 눈금으로 표시하자는 착상을 한 것은 그때였다. 그렇게 하면, 큰 그릇은 그 눈금까지만 채움으로써 세 친구는 저마다 똑같은 양의 음식을 받을 것이었다. 이 발상은 즉시 실행되었고, 그리하여 오두막엔 평화가 다시 찾아왔다. 하지만 그것도 잠시뿐, 곧 큰 그릇의 국물은 더 넓은 표면에 퍼져 있어서 작은 그릇에 담긴 것보다 더 빨리 식는다는 사실이 드러났다. 이제 문제의 초점이 된 것은 더 이상 국물의 양이 아니라 그 질이었다. 그리고 이제는 가능한 한 큰 그릇을 피하는 것이 그들의 강박관

념이 되었다. 이것은 당연히 세 친구 사이에 새로운 긴장을 조성했다. 게다가 그 문제를 해결하는 것이 거의 불가능해졌다. 이전의 다른 해결책들, 즉 제비뽑기나 순번 체제에 의존하는 것은 이미 실패했기 때문이다.

그런 문제로 끙끙거리고 있을 때, 시릴 대수도원장을 찾아뵙기로 약속한 시간이 다가왔다. 그들은 생각했다.

'이 얼마나 다행한 일이냐! 이제 원장님을 만나면 직접 해결책을 얻을 수 있을 거야!'

따라서 닐로폴리스에 도착했을 때 그들의 첫 관심사는 그 중대한 문제를 대수도원장에게 회부하는 일이었다. 원장은 이 난제를 대하고도 그다지 놀란 기색이 아니었다. 그는 다 예상하고 있었다는 식으로 좀 비꼬는 투로 물었다.

"기억들 하는가? 전에 여기 왔을 땐 국그릇보다는 훨씬 고상한 문제들로 들떠 있지들 않았던가?"

세 젊은이는 되돌아보았다. 그러고는 즉시 자기들이 얼마나 심각하게 처음의 이상에서 벗어나 있는지 깨달았다. 그런 자각에 아연해서 그들은 무슨 악몽에서 막 깨어나기라도 한 듯 서로를 쳐다보았다. 겨우 1년 만에 그토록 형편 없이 타락할 수 있단 말인가? 그들은 그 자리에서 원장의 발 아래 엎드려 자신들의 용서받지 못할 나약함을 고백했다.

세 사람을 대표하여 막시민이 말했다.

"저희는 나무 그릇 하나로 인해 유혹에 빠졌을 뿐 아니라, 원장님이 말씀하신 계명 수행이라는 목적도 무시했으며, 주제넘게도 복음적 권고를 지키며 살려는 대망을 꿈꿨습니다. 원장님, 이제 더 이상 이 그릇이 저희에게 해를 끼치기 전에 원장님의 그릇을 가져가십시오."

시릴은 젊은이들의 진정어린 회개에 감동하여 생각했다.
'장래가 촉망되는 징조로군.'
그러고는 잠시 사이를 두고 하느님의 영감이 주어지기를 기원하고 나서, 엎드려 있는 세 사람에게 부드럽게 말했다.
"일어나서 내 이야기를 듣게."
젊은이들은 무슨 일이 벌어질지 두려워하며 일어섰다. 그만큼 그들은 처참하게 실패했던 것이다. 하지만 원장의 표정은 매우 온화했다.
"복음적 권고를 좇아 살고자 갈망하는 것은 희망적인 생각이네. 자네들의 딱 한 가지 실수는 그 수행방법들을 사랑의 계명 위에 두어야 한다는 것을 잊은 것일세. 그것들은 다만 그 계명의 수행을 위한 수단—사실 대단히 훌륭한 수단인 것만은 사실이지만—일 뿐인데 말일세. 정말이지, 이 세상 삶에서 온 힘을 다해 하느님을 사랑하고 자신처럼 이웃을 사랑하는 것보다 더 큰 일은 없다네. 불행히도, 만유에 앞서 하느님을 사랑하는 것은 이 세상에서 그 무엇에 견줄 바 없이 어려운 일이고 잊어버리기 쉬운 것이지. 눈앞의 동전 하나가 태양을 가릴 수 있듯이 아주 하찮은 물건, 예를 들면 국그릇 같은 것도 우리에겐 신(神)이 되어 하느님을 파악하는 걸 방해할 수 있다네. 하지만 우릴 미혹한 죄로 비난받아야 할 것은 그 물건이 아니지. 그것은 그 물건에 대한 우리의 집착이며, 그것을 향한 우리의 과도한 욕망일세."
세 친구는 시릴 원장이 그리스도인 삶의 기본 동력을 그렇게 설명하는 동안 열렬한 관심을 보이며 듣고 있었다. 이 모두가 그들에겐 새로웠으며, 처음 닐로폴리스를 방문했을 때 자기들이 대수도원장을 오만하게 무시했던 게 얼마나 어리석은 짓이었던가를 다시 한 번 깨달았다.
 시릴이 다시 말을 이었다.
 "그러니, 처방은 국그릇을 없애 버리는 게 아니라, 오히려 그것에 대한 자네들의 집착을 버려야 하는 것일세. 자네들이 문제지 그릇이 문제는 아니야. 하지만 자네들이 자신의 내적 장애를 깨달을 때라야만 이 모든 게 해결될 수 있다네. 그것이 바로 내가 처음에 그 그릇들을 주었던 이유라네. 만일 그것들이 자신들을 조금이나마 더 잘 알게 해주었다면 자네들에게 커다란 공헌을 한 셈이야. 작년에 내가 자네들에게 약속했던 대로 말이지."
 세 친구는 그 이상 더 정확하게 원장의 말에 동의할 수는 없을 정도였다. 그릇들은 다만 자기네가 영성생활을 태만히 한 단순한 계기였을 뿐, 다른 어떤 망상들도 그들에게 똑같은 결과를 가져다 주었을 테니까. 하지만 이젠 무엇을 해야 하는가?
 그릇들을 계속 가지고 있으면 여전히 그것들로 인해 걸려 넘어지지 않겠는가? 은둔생활은 잊어버리고 닐로폴리스 수도회에 입회해야 하는 걸까? 그들이 이러저러한 문제들을 의논해 오자, 원장이 견해를 밝혔다.
 "그릇들에 대한 집착과 관련해 말한다면 오직 하느님의 은총만이 그로부터 자네들을 자유롭게 해줄 수 있을 것이야. 다른 유형의 집착들도 다 그렇지만 말이야. 그러니 그 내적 자유의 은사를 위해 겸허하고도 간절하게 기도를 하게나. 언젠가는 반드시 그것을 얻을 것일세. 또 한편으론, 자신의 자유의 결핍을 깨닫게 되면 겸허하게 희망을 가지고 성장하는 데 큰 도움이 될 거야. 우리 수도회에 들어오는 문제에 대해서는 열렬히 환영하는 바이네. 하지만 기본적으로, 어디에서 사는가 하는 문제는 인생에서 그다지 중요하질 않다네. 자네들이 정성을 다해 하느님과 이웃을 사랑하고자 노력한다면 그 밖의 문제들은 그렇게 중요하지 않다네. 사랑보다 더 고귀한 것은 없으니까."

마침내 세 친구는 은둔처로 되돌아갈 것을, 그리고 매년 정기적으로 시릴에게 와서 자신들의 정진과 문제점들에 대해 조언을 구하기로 결정했다.

그리하여 노스승을 떠날 때, 그 세개의 그릇을 소중히 받들어 되가져갔다. 진정 이제 그들은 자기들의 그릇들이 바오로의 몸의 가시와 같은 것, 즉 말할 수 없이 고통스럽지만 유익한 것이라는 사실을 깨달았다.

20
재 회

"너희가 남의 잘못을 용서하면
하늘에 계신 아버지께서도 너희를 용서하실 것이다.
그러나 너희가 남의 잘못을 용서하지 않으면
아버지께서도 너희의 잘못을 용서하지 않으실 것이다."

마태 6,14-15

"먼저 우리 자신의 영혼 속에 들어가지 않고
―우리 자신에 대해 알지 않고
―하느님의 나라에 들어갈 수 있다고 생각하는 것은
어리석은 일입니다."

아빌라의 성녀 데레사, 전집 중 「영혼의 성(城)」

재 회

"근데 이 사람은 누구지?"
도리스가 물었다.
"응, 우리 엄마에요."
에이미 존스의 새 친구 도리스는 에이미의 집 거실의 벽난로 시렁에 전시되어 있는 많은 사진들을 찬찬히 살펴보고 있었다. 둘은 주말 오후의 마작을 즐기러 오기로 되어 있는 자기네 4인조 중 나머지 둘을 기다리며 한가하게 시간을 보내고 있었다. 도리스가 무심히 물었다.
"아니, 그런데 네 엄마 사진은 왜 이리 작니? 다른 것들은 다 큰데 말이야. 더 큰 사진은 없어?"
"왜 없겠어? 하지만 글쎄, 그것들은 모두 여기 잘 어울리질 않아서."
도리스가 이해할 수 없다는 듯 눈이 둥그래서 에이미를 빤히 쳐다보았다. 하지만 다른 두 친구가 갑작스레 도착하는 바람에 그 문제는 더 캐묻지 못하고 중단되었다.

나중에 게임이 끝나고 모두들 돌아가고 나서 거실 정리를 하면서 에이미는 늘 하던 대로 그날 중요했던 일들을 되새기고 있었다. 그러다 도리스와 사진 이야기를 하던 일이 떠올랐다. 그땐 왜 그랬을까? 도대체 왜 당황은 해가지고 지극히 자연스러운 도리스의 질문에 그토록이나 엉뚱한 대답을 한 걸까? 그러고는 그뿐, 그 사건은 그녀에게서 잊혀졌다. 그럼에도 그 일은 그녀 자신과 자신의 과거에 대해 새롭게 이해하도록 해준, 점증적으로 일어난 일련의 사건들의 제1탄이었다.

제2탄은 그 다음 주, 에이미와 그녀의 세 마작 친구들이 마지막 게임을 끝내고 커피를 한 잔씩 하면서 한가로운 시간을 보내던 중에 일어났다. 도리스가 자기 어머니에 얽힌 재미있고도 감동적인 이야기를 들고 나오자, 나머지 두 친구도 그 비슷한 일화들을 하겠노라 나섰다. 셋 모두 곧 자기 어머니에 얽힌 즐거운 추억담들을 자랑스레 늘어놓았다. 자기 추억담도 이야기해 달라는 요청을 받았을 때, 에이미는 놀랍게도 자신이 어머니에 대한 기분 좋은 일화는 단 한 토막도 기억해 낼 수 없다는 걸 깨달았다. 하지만 어머니 꿈은 종종 꾸었다는 것과, 그 꿈 속에서, 사무치게 혐오스런 어머니가 걸핏하면 우는 모습으로만 보였다는 걸 깨닫게 되었다. 그녀는 이날 일 또한 머릿속에 새겨 두었으나 사진 건(件)과는 연관짓지 못했다.

머릿속에서 두 사건이 연관된 것은 그 직후, 내적 치료를 통해 심리적 평정을 도모하는 게 전문인 엘렌이라는 한 수녀의 말을 들었을 때였다. 이야기의 골자는 이랬다. 수많은 우리의 미숙함과 부조화들은 우리의 부모에 의해 우리에게 무의식적으로 가해진 깊은 상처들에서 기인한다는 것이었다. 그것은 부모가 우리에게 가장 가까운 존재이며 완전하지 못하고, 우리가 가장 나약한 시기에 우리에게 영향을 끼치기 때문에 불가피하다고 했다. 그러므로 내적 성장은 대개는 이들 상처에 대해 부모를 용서하고자 하는 우리의 마음에 달려 있다는 것이다. 이모든 이야기를 듣자 에이미는 자연스럽게 이것을 자신에게 적용시키려고 노력했다. 그리하여 그녀는 어머니에 대한 불쾌한 꿈과 어머니에 대한 정다운 기억의 결여, 그리고 그 사진을 한꺼번에 연관지을 수 있었다. 어머니에 대한 모종의 은밀한 증오를 품고 있지는 않은가? 하지만 무엇 때문에?

그 의문들에 대해서 답을 찾지 못했지만, 그녀는 그 자리에서, 그 좌담이 끝나면 발표자를 찾아보고 자신의 어머니를 미워한다는 게 가능이나 한 일이냐고 단도직입적으로 물어 볼 작정을 했다.

"물론 그것은 가능합니다."

엘렌 수녀가 그녀에게 확실히 말했다.

"사실 그런 일은 아주 흔히 일어납니다. 하지만 그런 증오는 대개 진정한 사랑과 뒤섞이기 때문에—그 둘은 한 사람 안에 공존할 수 있으니까요—그리고 우리의 그리스도교적 양육 탓으로, 증오가 인식되기도 전에 흔히는 억압당하기 때문에, 우리는 증오를 우리의 사랑 뒤에 감추어 둔 채 그것의 존재를 부인하게 됩니다. 그리고는 그런 허구를 유지하는 데 자신의 막대한 정력을 허비합니다. 그러므로 알지 못할 긴장과 불합리한 불안을 느끼게 되지요. 하지만 우리가 이러한 증오를 용기 있게 인정한다면, 그리고 자주 하느님께 치유를 기원한다면, 우리의 모순된 감정은 점차 조화로운 평정심으로 대체될 것입니다. 하지만 여기에는 자신에 대한 지극한 솔직성과 함께, 어머니가 끼친 해가 어떤 것이든 용서하려는 마음 자세가 요구됩니다."

이 말이 이후의 수 주, 수 개월 동안 에이미에게 큰 힘을 북돋워 줄 것이었다. 그녀는 늘 뭔가가 자신과 어머니 사이에서 삐걱거리고 서로 충돌했다는 것을, 그리고 어머니가 수 년 전에 돌아가시고 난 후에까지도 계속 그랬다는 것을 어렴풋이나마 느끼고 있었다. 정확히 문제는 무엇인가? 그렇다면 어머니를 향한 감추어진 분노의 원인은 무엇인가? 그것은 분노인가? 어머니는 분명 본질적으로 선한 분이셨는데, 왜 그분에 대해 사랑이 아닌 어떤 것을 먼저 느끼곤 해왔는가? 그것이 '심중에' 엄격히 제한되어야 하는 것은 또 무슨 이유 때문인가?

그런 것들이, 이제까지는 한 번도 직면한 적이 없는 그녀 자신과 관련한 어떤 것을 찾고자 에이미가 검토하기 시작한, 그러나 내적 평정을 이루기 위해서는 반드시 밝혀 내야만 할 문제들이었다. 엘렌 수녀는 이러한 과정이 진행되려면 자신에 대한 솔직성이 필수라고 말했다. 그런 즉, 그녀는 하느님의 은총에 의지해 죽음을 감수하고서라도 자신에게 솔직할 터였다.

이렇게 작정을 하자 이내 효과가 나타났다. 그것들은 일련의 충격적인 체험의 형태를 띠고 있었다. 정말 아주 사소한 것들이었지만 한데 묶어 생각하면 의미심장한 체험들이었다. 그것들이 그때까지는 그녀의 주의를 벗어나 있었다는 게 참 이상한 일이었다. 벗어나 있었다고? 글쎄, 의식하지 못한다는 것과 의식하고 싶지 않다는 것 사이의 차이를 알기란 참 어려웠다.

첫째, 그녀는 어머니의 처녀적 이름을 심지어는 어머니의 세례명까지도 기억 못하는 일이 잦았다. 그런 착오를 대체 어떻게 설명할 수 있겠는가?

둘째, 그녀는 어머니가 묻혀 있는 공동묘지를 자주 찾았지만, 그곳에 있는 친척들과 친구들의 무덤만 돌아보았다. 사실 항상 그들을 먼저 찾아가서는 거기서 너무 오래 지체한 나머지, 어머니 무덤은 둘러볼 시간도 없이 돌아오곤 했다.

셋째, 그녀가 어머니 무덤을 찾는 날은 일년에 겨우 한 번, 어머니의 기일뿐이었다. 황당한 일이지만, 그때마다 우울증과 두통, 어지럼증과 구역질이 뒤섞인 한바탕의 피로가 선행했다. 그 증세가 너무 심하여 어떤 해에는 성묘를 완전히 생략해 버리기도 했다. 건강이 좋지 않은데도 억지로 성묘를 한 해에는, 다음 날이면 그 갖은 증상들이 사라져 버린 걸 느끼곤 했었다.

넷째, 그녀는 어머니 사후 1년도 채 못되어서 아주 교묘한 계책을 써서 아버지를 재혼시켰다. 그녀의 기억을 되도록 속히 지워 버리고 싶어서였을까?

다섯째, 생각해 보면, 어머니 임종날을 전후한 며칠 동안이 그녀의 기억에서 완전히 지워지고 없었다. 그때 일어난 일들을 조각조각 짜맞추는 데는 긴 시간이 필요했다. 하지만 그녀는 기어코 그 일을 해냈고, 놀랍게도 어머니가 죽을 병에 걸렸을 때 그녀의 전반적인 감정은—아, 그래, 단족과 심지어는 득의만면(得意滿面)이었다는 걸 깨달았다. 그녀는 실제로 어머니가 죽는 걸 보고 기뻐했던 것이다!

이 마지막 진실 한 조각은 에이미로선 그대로 받아들이가 무척 힘들었다. 그건 깊은 기도 시간에만 할 수 있는 일이었다. 하지만 받아들이기가 훨씬 더 어려운 또 다른 사실을 깨닫게 되었다. 어머니가 수 개월 후 결국 자신을 죽음으로 이끌 발작을 겪고 있을 때, 그녀는 그 자리에 있었다. 그런데도 당시 그녀는 웬지 자기도 모르게, 도움을 청하는 데 꾸물거렸다. 그녀가 그렇게 지체했던 것은 정말 어머니의 상태가 심각하다는 걸 깨닫지 못하고 있어서였을까, 아니면 그녀의 잠재의식이 어머니가 죽기를 바라서였을까? 냉정하게 말해서, 다소나마라도 어머니의 죽음을 촉진하고 싶어서? 하지만 그렇더라도, 왜?

그래, 정말이지 왜 그랬을까? 그런 게 있으리라고는 꿈에도 생각 못했던 자신의 한 측면을 직시할 수밖에 없었던 고통스러운 과거 여행을 마치자, 그녀는 도와줄 사람이 필요함을 느끼고 다시 엘렌 수녀에게 조언을 구했다. 수녀는 에이미의 고백을 듣고도 전혀 놀란 것 같지가 않았다.

그녀는 담담하게 말했다.

"우리는 모두 잠재적 살인자들이지요. 하느님의 은총이 없었더라면 우리 모두는 어떻게 되었을까요? 어쨌든 당신은 결코 자신이 어머니의 죽음과 관계가 있는지 아닌지, 있다면 어느 정도까지인지 전혀 알지 못할 것입니다. 이 문제를 두고 당신의 허물로 하여 고통스러워하는 것은 전혀 무익합니다. 모든 것을 하느님의 자비에 맡기시는 게 좋습니다. 하느님을 당신의 하느님으로 모시세요, 자매님."

그러고는 에이미에게 치료가 아주 제대로 이루어지고 있다고 확인시켜 주었다. 다음 단계는 어머니를 향한 에이미의 뿌리 깊은 원망이 무엇 때문인지 캐내는 일이었다. 그러려면 어머니 이야기를 어머니 입장에서 이해해야 했으며, 그분을 용서하고 그분 그대로의 모습을 받아들여야 했다. 물론 이 모든 일이 기도하는 마음으로, 하느님이 현존하시는 가운데 행해져야 했다. 그렇지 않으면 그것은 그저 단순한 내성(內省)일 뿐, 영적 치유는 못 될 터였다. 내성이나 더 나은 자기 인식은 과거에 대한 부분적 해결책은 될 수 있겠지만, 하느님의 은총만이 저 깊은 곳까지 그녀를 새롭게 해줄 수 있을 것이다.

다음 단계는 에이미가 예상했던 것보다 쉬웠다. 그녀가 알게 된 것을 요약하면, 인생의 초기단계에서 어머니에 대해 급격한 감정 변화를 겪었던 것이다. 어렸을 적에 그녀는 어머니를 존경했으며, 모든 점에서 완벽한 분이라고 여겼다. 하지만 십대 초반이 되었을 때, 어머니가 신경증적 성격의 소유자며, 심기증(자신이 중병에 걸렸다고 생각하는 병증:역주)에 걸려 집안 식구들 모두를 자신의 상상 질병에 얽어매 두고 있다는 걸 알게 되었다. 이로 인해 에이미는 어머니의 가장된 완전성에 대해 심한 환멸감을 느꼈다. 그 후로는 어머니의 성격의 이런 기본적인 결함에 대해 그녀를 원망했을 뿐 아니라 그녀에 대한 은밀한 혐오감마저 키우게 되었다.

이러한 통찰은 또 하나의 위안을 주는 통찰을 하게 했다. 그것은, 기실은 어머니 스스로가 희생자였다는 것이다. 사실 어머니의 친아버지는 기회 있을 때마다 그녀를 비하했으며, 그 탓에 그녀는 정서가 몹시 불안한 사람으로 성장했던 것이다. 그로 인해 어머니는 무의식적으로 자신에게 집착했으며 끊임없이 '병에 걸림'으로써 특별한 보살핌을 받고자 했음은 의심의 여지가 없었다. 그런데도 심기증에 걸린 것을 그녀의 탓으로만 돌릴 수 있단 말인가?

이런 인과관계를 고려해야 에이미는 어머니에 대해서, 그리고 어머니에 대한 그녀 자신의 부정적 감정에 대해서 훨씬 올바르게 이해할 수 있었다. 이 모든 것을 깨닫는 데는 당연히 오랜 시간이 걸렸다. 하지만 차츰차츰 오랫동안 잊고 있었던 자신에 대한 이런 역사를 이어 맞출 수 있었고, 일이 진척되어 감에 따라 어머니를 —그녀를 그런 식으로 취급한 외할아버지까지도— 용서하는 데 필요한 힘을 달라고 기도했다. 분명 그분 역시 가해자라기보다는 희생자였으니까. 우리는 모두 이런저런 방식으로 상처받고 희생되는 게 아니던가? 우리 모두는 우리 자신이 용서받아야 할 뿐 아니라 남을 용서해야만 하는 것 아닐까?

이러한 관점에서 우리가 서로 빚을 지고 있다는 오묘한 비밀을 점점 캐들어 감에 따라 에이미는 열정과 사랑이 점점 더 커 감을 느끼고 있었다. 얼마나 많은 상처와 불행이 선하고 어진 사람들에 의해 부지불식간에 저질러지는가! 일상의 하루하루를 용서해 주고 용서받음이 없이 보낸다면 증오와 죽음 외에 무엇이 대안으로 남겠는가? 그리하여 에이미는 어머니와 어머니에 대한 자신의 관계를 포함한 자기 과거의 큰 부분을 있는 그대로 솔직하게 받아들이게 되었다. 이로 인해 그녀의 삶에서 엄청난 양의 사랑과 창조적 에너지가 방출되었음은 놀랄 일이 아니었다. 그녀는 이제 왜 예수께서 그다지도 간곡히 다른 사람을 용서하라고 가르치셨는지 이해가 갔다. 그것은 기본적으로 삶과 죽음의 문제였으니!

며칠 후, 도리스는 또다시 에이미의 거실에서 마작 친구들을 기다리고 있었다. 그녀는 이때 에이미 어머니의 큰 사진이 벽난로 선반 위에 다른 사진들과 나란히 놓여 있는 것을 발견했다. 놀랄 일이었다.

"에이미, 벽난로 시렁에 어울릴 만한 어머니 사진이 없다고 했던 것 같은데? 하지만 이 사진, 아주 잘 어울리잖아?"

에이미가 미소지었다. 그녀는 순간적으로 수 개월 전 도리스가 무심결에 던진, 사진에 관한 질문에 의해 촉진되었던 일련의 특별한 내적 사건들을 되새겼다. 그리하여 이제, 하느님이 어떤 신비로운 방식을 통해, 자신이 성장의 순환과정에서 한

바퀴를 완성했다고 자비롭게 말씀하시는 것 같았다. 그녀가 친구에게 말했다.
"그랬지, 하지만 내가 틀렸었어. 보다시피 우리 엄마, 얼마나 잘 어울리니?"
그녀는 자기에게 미소를 보내고 있는 어머니의 사진을 바라보면서 한 번도 경험해 보지 못한 평화를 느꼈다.

21
부자와 거지

"가난한 사람들아, 너희는 행복하다.
하느님 나라가 너희의 것이다."

루가 6,20

"마음이 가난한 사람은 행복하다. 하늘 나라가 그들의 것이다."

마태 5,3

부자와 거지

　네이선 스튜어트는 텔레비전을 향해 리모콘을 쿡쿡 눌러서는 모든 채널을 이리저리 돌려대고 있었다. 그는 지금 막 값비싼 게으름뱅이용 팔걸이 의자에 푹 파묻혀서, 텅텅 빈 널따란 대저택에서 따분한 밤을 보낼 준비를 하고 있었다. 갑자기 화면을 휙 스치고 지나가는 장면들 중 하나가 그의 시선을 사로잡았고, 그는 잠시 거기에다 주위를 집중하기로 작정했다.
　그것은 아주 조용히 말하고 있는 한 노인의 얼굴이었다. 네이선은 그 프로그램과, 앞서 채널을 이리저리 바꿔 가며 보았던 다른 모든 프로그램들 사이의 현저한 차이에 놀랐다. 무척 활력이 있으면서도 아주 온화한 그가 말하고 있는 건 무엇인가? 그것은 그의 영혼 저 깊은 곳에서 나오고 있는 것 같지 않은가?
　화자는 곧 밝혀졌는데, 생의 대부분을 가난한 사람들을 돕는 데 바친 유명한 이탈리아인 신부였다. 네이선이 그의 이야기에 귀를 기울였을 때 그는 이런 이야기를 하고 있었다.

"가난은 네 개의 얼굴을 가지고 있습니다. 어두운 두 얼굴과 환한 두 얼굴입니다. 가난의 어두운 첫번째 얼굴은 죄입니다. 오직 자신만을 위해 사는 사람들의 영적 가난입니다. 이것이 가난의 극치요, 가장 추악한 형태입니다. 가난의 또 하나의 어두운 얼굴은 궁핍입니다. 우리를 비인간화하는 물질 부족의 극단적 형태이지요. 이 두 가지 부정적 가난의 형태는 둘 다 우리의 적이며 근절되어야 마땅합니다. 다른 한편으로, 성격상 긍정적이며 우리를 인간답게 해주는 물질적 가난이 있습니다. 어떤 이들은 그것을 검소함이라고도 하고 절제라고도 합니다. 우리의 소비자 중심주의와 낭비의 시대에, 우리 지구가 생태학적 재앙을 넘어서 살아 남으려면 꼭 필요한 것입니다. 마지막으로, 긍정적 의미의 영적 가난이 있습니다. 이것은 무사(無私)나 거룩함과 같은 것이기에 우리의 품격을 크게 높여 줍니다. 자유와 사랑의 혼합물이며, 다른 이와 하느님을 향한 완전한 자기 헌신이지요. 나중의 이 두 가지 가난의 형태야말로 우리가 충심으로 찾아야 하는 것들입니다."

그 영상은 사라졌다. 프로그램이 끝났던 것이다. 네이션 스튜어트는 텔레비전을 끄고도 한참을 꼼짝 않고 앉아 생각에 빠져 들었다. 그는 고독한 백만장자로서의 자신의 이기적인 생활이, 신부가 설명한 가난의 첫번째 얼굴에, 그러니까 자신만을 위해 사는 사람들의 영적 황폐에 완벽하게 들어맞는다는 걸 알았다. 그 얼마나 따분한 생활이었던가! 안락함? 그건 맞다. 하지만 지금 생활은 말할 수 없이 따분하다. 만일 여기에 등을 돌리고 세 가지 다른 가난의 얼굴을 추구한다면 무슨 일이 벌어질까? 최소한, 길고도 공허한 밤들에, 어떤 것이든 할 일은 생길 것이다.

그 텔레비전 대담은 네이선 스튜어트에겐 아주 특별한 모험의 출발점이 되었다. 그때는 그런 낌새조차 눈치채지 못했지만 말이다. 당시 그의 발상은 다만 자기 운전 기사를 대동하고 그 도시의 너저분한 동네로 가서 가난한 거지를 하나 찾아 자기의 대궐 같은 저택에 데려다가, 더운물로 목욕을 시키고 좋은 음식과 저녁 잠자리를 제공해 준 다음, 그가 가장 원하는 데로 보내자는 것일 뿐이었다. 이런 조처들의 목적은 근본적으로 자선도, 인도주의도 아니다. 그랬다. 네이선은 다만 가난한 사람들의 세계에 대해 조금 알고 싶었을 뿐이었다. 자신의 화려한 생활에서는 결코 알지 못했던 어떤 것을 한번 보기 위해서, 어떤 의미에서는 인간의 본성을 연구하기 위해서, 그리고 덤으로, 가까운 주변에서 다채로운 인물들을 만나 봄으로써 자기의 따분함을 얼마간 덜어 보기 위해서였던 것이다.

아무튼 그의 계획은 착착 진행되어, 그는 여러 번을 부두 근처에서 찾아 낸 거리의 비참한 사람들 중 몇에게서 큰 환대를 받았다. 그들의 인생담은 믿을 수 없을 만큼 다양하고 재미있었다. 정말 그들 중 몇몇은 찰스 디킨스의 소설에서 금방 튀어 나온 사람들 같았다.

그들 중 하나인 리 제숍은 꽤나 흥미 있는 인물이어서, 네이선은 그를 정기적으로 저택에 데려가기로 했다. 그의 재미있는 점들 중 하나는 외관상 네이선과 아주 비슷하다는 것이었다. 나이가 같고, 체격과 신장, 피부색이 같았다. 기분 나쁠 정도로 닮은 이 유사성에서 영감을 얻은 백만장자는 환상적인 계획을 하나 세웠다. 잠시 사회적 역활을 바꾸어 보면 어떨까? 서로가 상대의 역할을 하면, 리는 리대로 안락한 생활을 누릴 수 있게 되고, 네이선은 네이선대로 누에고치 속 같은 답답한 생활을 벗어나서 실감나는 물질적 가난을 직접 체험할 수 있을 것이다. 두 사람은 이 흉내내기를 딱 일년 동안만 실연(實演)하고 그 후엔 이전 상태대로 되돌아가기로 합의했다. 두 사람이 서로에게 자신의 습관이나 친구들, 과거사, 건강상태, 좋아하는 것과 싫어하는 것 등부터 먼저 차근차근 알려 주었음은 물론이다.

그렇게 해서 모든 준비가 완료되었을 때, 네이선 스튜어트는 리 제숍의 더러운 누더기를 빌려 입고 아직 생소한 가난의 어두운 얼굴 중 하나를 탐구하는 데 착수했다.

백만장자는 곧 지저분하고 초라한 도시의 궁핍에는 낭만이라곤 티끌만큼도 없다는 걸 알게 되었다. 무일푼의 거지 생활을 시작한 처음 며칠 동안은 몇 번이나, 그 어리석은 계획 따위는 집어치우고 이전 생활로 되돌아가고 싶은 생각이 굴뚝같이 일었다. 하지만 내부의 뭔가가, 이제 자기 동료가 된 집 없는 사람들과 알코올 중독자들, 버림받은 사람들에게로 이끌었다. 뭔가 그들의 운명을 개선할 만한 일이 없을까?

그때, 성공한 사업가로서의 그의 전력이 그를 일깨웠다. 곧 그의 조직 능력과, 문제를 과감하고 창조적으로 처리하는 요령, 인적 자원을 찾아 내어 적소에 활용하는 재능들이, 그의 고통받는 동료들에게 최소한의 존엄성을 확보할 수 있게 생활 조건을 개선하는 데 도움을 줄 여러 가지 발상과 계획들을 생각해 내게 했다. 이렇게 새로운 관심의 중심이 생긴 데 고무되어, 그는 마침내 그럭저럭 상당수의 인간 쓰레기들을 주변에 끌어모아, 집 없는 사람들을 위한 수용 시설과 배고픈 이들을 위한 수프 배식소, 넝마주이 조합, 쓰레기 수거단, 그리고 누비 이불과 헝겊 인형을 만드는 작은 가내 공장들을 세우는 데 착수했다. 그의 선창에 호응해서 수십 명의 사회의 쓰레기들과 떠돌이들이 어느 정도 자존심을 회복하기 시작했다. 그들의 가난은 더 이상 궁핍의 어두운 얼굴을 보이지 않았다. 그 얼굴은 점차 소박하고 절제된 생활방식의 환한 얼굴이 보여 주는 어떤 빛을 띠기 시작했다.

당연히 네이선 스튜어트의 이 모든 활동은 몇 달에 거쳐 알려졌고, 곧 리 제숩과 공모했던, 가난한 사람들 속에 섞여 산 한 해가 끝났다. 그렇게 해서 그는 이전의 생활을 재개하기 위해 그의 저택으로 돌아왔다. 많은 새 친구들과 헤어져야 한다는 생각에 아쉬움이 남긴 했지만, 부유한 그리스도인으로서의 사회적 책임에 대한 이해를 완전히 새롭게 해서 돌아온 것이다. 정말이지, 극빈자들과의 접촉은 가난을 보는 복음의 관점에 대한 그의 이해를 유례없이 확대 심화시켜 주었다. 가난을 저주로도, 은총으로도 보는 관점 말이다.

그러나 불유쾌한 사건이 하나 그의 대저택에서 그를 기다리고 있었다. 그가 집에 도착했을 때, 리 제숩은 둘 사이의 합의를 이행하길 거부하고, 필요하다면 만천하에 자신이 진짜 네이선 스튜어트라는 걸 입증하기 위해 법정에라도 설 것이라고 말했다. 그자는 호사스런 생활에 맛을 들여서 이전의 거지 생활로 되돌아갈 의향이 전혀 없는 게 분명했다.

네이선은 만일의 경우에는 여러 가지 수단을 통해서 자신의 정체를 쉽게 입증할 수 있다는 걸 알고 있었다. 모반(四斑), 지문, 치과 기록 등. 하지만 이 예상 못했던 사태의 돌변에 분노와 낭패감이라는 당연한 반응을 보인 후, 그는 이 새로운 사태의 모든 측면을 더 분명히 이해하기까지는 어떤 결정도 유보하기로 했다. 그는 이 문제를 놓고 기도하고, 가난에 대한 복음의 가르침을 숙고하며, 마침내 텔레비전 대담에서 자신을 감동시켰던 이탈리아 신부에게 상담까지 할 참이었다.

  요점만 가단히 이야기하면, 네이션 스튜어트는 결코 잃어버린 자기 정체를 되찾으려 애쓰지 않았다는 것이다. 대신 가난한 사람들에게 돌아가 그의 사회사업을 재개했으며, 내적 자유와 사랑 속에서 여생을 그들에게 봉사하는 데 바쳤다. 그리하여 그는 가난의 마지막 네 번째 얼굴을, 성인들의 빛나는 초연함을 발견했다.

22
마니피캇

"항상 기뻐하시오. 늘 기도하십시오.
어떤 처지에서든지 감사하십시오.
이것이 그리스도 예수를 통해서 보여 주신 하느님의 뜻입니다.
성령의 불을 끄지 말고
성령의 감동을 받아 전하는 말을 멸시하지 마십시오."

1데살 5,16-18

마니피캇

 옛날에 담을 마주하고 사는 자매가 있었다. 이름은 론다와 베티 루이다. 자매들이 대개 그렇듯 둘은 많은 점에서 닮았다. 하지만 한 가지만큼은 완전히 달랐다. 론다는 일상에서 생기는 극히 사소한 기쁨에 대해서도 하느님께 늘 감사한 반면, 베티 루는 모든 걸 당연시하면서, 하느님의 은혜에 감사하는 걸 쓸데없는 일로 치부하고 있었다. 감사하기는커녕, 뭔가 기분 나쁜 일이 생기면 심한 불평을 늘어놓았다.

 그러던 어느 날, 론다가 발작을 일으키더니 그 후로는 신체가 부분적으로 마비되었다. 그녀 같은 조건이라면 당연히 누구라도 자기 운명에 대해 불평할 만한 이유가 수천 가지는 있을 것이다. 하지만 그녀는 달랐다. 반대로, 다달이 몸에서 힘이 조금씩 더 빠져나가는데도 늘 명랑했다. 베티 루가 찾아오면, 그녀는 항상 "참 기쁘다. 내가 아직…." 하고 말하곤 했다. 그러고는 그녀가 아직은 할 수 있는 몇 가지 간단한 활동을 말하는 것이다. 한쪽 팔을 움직이고, 구르고, 읽고, 기도하고, 말하고, 속삭이고, 가벼운 고갯짓으로 응답할 수도 있고…, 그녀는 그렇게 늘 기뻐했다.

어쨌든, 어느 날 론다는 하느님께 마지막으로 "감사합니다." 하고는 이 세상을 떠났다. 하지만 떠나기 전에 베티 루에게 천국에 도착하는 대로 그녀를 방문하겠노라고 약속했다.

약속에 어긋나지 않게, 죽은 바로 다음날 밤 그녀는 동생의 꿈 속에 나타났다. 당연히 베티 루는 언니가 그렇게 빨리 천국에 도착했다는 게 몹시 놀라웠지만 그 점에 대해서는 한 마디도 하지 않았다. 대신 어렸을 적부터 늘 품고 있었던 질문을 하나 했다. 그녀는 몸을 떨며 숨막히듯 물었다.

"말해 줘, 언니. 천국은 어떻게 생겼어?"

론다는 동생의 호기심에 미소를 지으며 대답했다.

"천국은 오랜 '감사합니다.'와 같은 거야."

"무슨 뜻이야?"

"글쎄, 네 인생을 되돌아보면 하느님께서 수만 가지 방법으로 너를 당신 가까이로 이끄시려 애쓰셨다는 걸 알 거야. 영원을 두고도, 네가 원하는 만큼 충분히 하느님께 감사할 수 없다는 걸 느끼게 돼."

"알겠어."

베티 루가 곰곰이 생각에 잠기며 말했다. 그녀는 잠시 말이 없었다. 그때 새로운 생각이 떠올랐다.

"그렇다면 천국에 들어갈 수 있는 제일 좋은 방법은 뭐지?"

"'감사합니다.' 하고 말하는 거야."

"그뿐이야?"

론다의 얼굴이 심각해졌다.

"그뿐이야. 하지만 그게 전부야, 베티. 단 하루만 그렇게 해 봐. 모든 일에 '감사합니다.' 하기가 그리 쉽지 않다는 걸 알게 돼. 그러니까 고통과 슬픔, 걱정과 실망을 포함해서 그 모든 것에 대해 진심으로 감사한다는 것 말이야."

이 말을 마지막으로 론다는 사라지고 베티 자신만 혼자 남아 생각에 잠겨 있었다.

이리하여 그 다음 날부터 그녀는 언니의 조언을 따르고자 무진 애를 썼다. 그녀는 점차 생활 속에서 깨달아 감에 따라 온종일 하느님의 작은 선물 하나하나마다 감사하는 마음으로 보내려 노력했다. 처음엔 쉽지 않았다. 하지만 론다 언니의 늘 감사하던 자세를 떠올리면 큰 힘을 얻어, 그녀는 오랫동안 회심의 생활을 지속할 수 있었다. 그리하여 몇 년을 노력한 끝에 그녀는 마침내 온종일 "감사합니다." 하면서 하루를 보내는 데 성공했다.

그녀는 그날 밤 잠자리에서 평화롭게 죽었다.

천국의 문에 당도했을 때 모든 문은 이미 활짝 열려 있었다. 그 문을 들어섰을 때, 그녀는 하느님이 곁에 론다를 동반하고 자기를 향해 오시는 걸 보았다. 말소리가 들릴 정도로 가까워지기 전에 하느님은 론다에게 짓궂게 물으셨다. 동생의 첫마디가 무엇이겠느냐는 것이었다.

"그 앤 '감사합니다, 주님.'이라고 할 거예요. 제가 틀리지 않는다면 말이에요."

"글쎄, 어디 네가 맞는지 보자꾸나."

그러고는 하느님은 베티 루에게 다가와 말할 수 없이 부드럽게 그녀를 안아 주셨다. 하느님이 그녀에게 물으셨다.

"천국에 왔으니 무엇을 하고 싶으냐, 사랑스런 아이야?"

베티는 당신의 눈에 어린 무한한 사랑을 보았다. 그녀는 지금 단 한 가지 바람만이 있을 뿐이었다.
"감사합니다, 주님."
그녀의 소박한 대답이었다.

23
우리는 하느님을 믿습니다

"지존하신 분의 거처에 몸을 숨기고
전능하신 분의 그늘 아래 머무는 사람아,
야훼께서 네 피난처시요 네 요새이시며
네가 의지하는 너의 하느님이라고 말하여라."

시편 91,1-2

우리는 하느님을 믿습니다

우주에서 보내 온 그 전문(電文)은 간단했지만 문투가 강력했다.

"귀하는 일주일 내에 시르가 혹성에 도착하기 바람. 교통비 보냄. 환영. 이르크누."

테리 힐은 전문의 어조가 이상해서 다시 한 번 읽어 보았다. 친구 이르크누는 아주 온화하고 말소리가 부드러운 사람이라, 거기 써 있는 대로라면 전혀 그답지가 않았다. 그건 마치 간명한 전문을 통해 어떤 긴박감을 전달하고 있는 듯했다. 그 친구와 가족에게 좋지 않은 일이라도 있나? 그 의문이, 테리가 몇 년 전 친구가 살고 있는 혹성 시르가성(星)을 방문했을 때의 정다웠던 기억들을 되살려 주었다. 그 얼마나 놀라운 것이었던가!

테리는 시르가성에서 발견했던 그 특이한 문명을 떠올렸다. 전 은하계를 다 돌아다니며 보았던 그 어떤 문명과도 다른 문명이었다. 사실 그는 한 우주 왕복선에서 그의 부조종사를 지냈던 조용한 성품의 이르크누와 사귀면서 처음으로 그곳을 언뜻 보았던 적이 있었다. 하루는 그 청년이 자기 부모의 사진을 보여 주면서, 부모가 몹시 가난하다는 사실을, 조심하는 빛이 역력한 태도로 수줍게 말했다.
"이봐, 그분들은 일년에 십오 크레디트만 지출해도 좋다고 허락받았어."
테리가 별 반응을 보이지 않자 그는 자기 말뜻이 무엇인지를 설명했다.
"알아? 갓 결혼한 젊은 부부는 최소한 연 삼백 크레디트는 써야 한다고. 그것이 법이야. 우리 혹성에서는 일정한 생산성 수준을 유지하기 위해 많은 재화를 억지로 소비해야 해. 그리고 당연히 봉급도 그에 따라 책정되지. 하지만 사회적 지위가 올라갈수록 점점 덜 소비해도 되도록 되어 있어. 그러니까, 일년에 단 십오 크레디트니, 우리 부모는 수많은 시르가 인들의 부러움의 대상이지. 젊었을 때처럼 열을 내가며 억지로 구매와 소비에 매달리지 않고도 쉴 수 있는 거라고."
당연히 테리는 이 기이한 사회 구조에 놀랐다. 은하계 어느 곳에서나 사회적 지위는 사치와 동일하게 인식되고 있는데, 시르가성에서는 그것이 절제와 동일시되고 있었다. 거기서는 부자로 출발하여, 모든 것이 순조롭게 진행되어 나간다면, 내적 자유와 그리스도인다운 성숙성을 반영하는 것으로 이해되는 다소 엄격한 내핍 생활로 옮겨 가는 것이다.
시르가성에서는 이런 종류의 그리스도인다운 성숙성이 높은 평가를 받는다. 예를 들면, 40세 이상으로 신학에서나 그 지역 문화의 지혜문학 분야에서 일정한 위치를 차지하고 있지 못하면, 정책 결정 수준의 지도층에 접근하는 것이 법에 의해 금지된다. 다시 말하면 지도적 지위들은 현명한 사람들에게만 열려 있는 것이다.

사실 그리스도교 신앙은 이런 시르가 인의 삶의 구조 속에 너무도 긴밀히 얽혀 들어 있어서 그 혹성 네 개의 위성 이름조차 그것들의 궤도순에 따라 "브란-클린-부-코슈누"다. 은하계 말로는 "우리는-하느님-을-믿습니다." 정도로 옮겨질 수 있을 것이다. 그렇게 해서 시르가 인들은 자기들의 신앙이, 말하자면, 가장 높은 하느님 나라에 이르렀다고 선언하는 셈이다.

사실 시르가 문명에는 이런 종류의 이상한 특성들이 많아서 이로 인해 그 문명 자체가 아주 독특한 것이 되는 것이다. 예를 들면, 시르가 인들은 성장함에 따라 제품의 생산에서 '졸업'(이 용어가 정확하다면)하고 예술의 생산으로 옮겨 가는 것이다. 그리하여 중년이 되면 자신의 예술적 기호와, 더 성숙해진 사람에게만 법으로 보장된 특권에 따라, 여러 가지 형태의 직업들로 계속 옮겨 갈 수 있었다. 마찬가지로 나이에 비례해서 휴가일 수도 증가하며, 모두가 여가와 관상활동, 기도에 더욱 더 많은 시간을 할애하도록 장려받았다. 비슷한 방식으로 지혜가 향상될수록 공공 법률에서의 면책 범위가 점점 더 넓어진다. 이것은 특별히 고안된 시험에 의해 객관적으로 결정된다. 한데 시르가성에는 아이큐(I.Q.) 검사는 없고 지혜 검사만 있다! 따라서 현명해지면 현명해질수록 외부적 법률의 간여를 받지 않고 더 많은 것을 할 수 있었다. 그 놀라운 예가 바로 사법제도이다. 재판관은 법률에 얽매일 필요가 없으며, 진정한 정의에 부합하기만 하면 성문법 조항에 정반대되는 판결을 내릴 수 있기까지 한 것이다.

테리가 우주에서 온 전문을 받아 들었을 때, 시르가 문명의 이 모든 매력 있는 특성들이 뇌리에 되살아와, 친구 이르크누와 그의 사랑스런 혹성을 다시 한 번 보고 싶은 충동이 갑작스레 일었다. 마침 바로 그때 3개월간의 휴가를 받게 되었으므로, 그는 친구의 간곡한 초대에 응하기로 결심했다. 혹시 알아? 거기에 어떤 새로운 모험이 기다리고 있을지 그 누가 알겠는가? 틀림없이 그는 때때로 시르가 인들의 그리스도교 신앙의 징표가 조금은 지나치게 강하다는 것을(그 자신은 대단한 그리스도교 신자는 아니었다.) 알게 되겠지만, 일이 걷잡을 수 없는 지경에 이른다면 언제든 손털고 지구로 돌아와, 그러니까 그가 가장 좋아하는 3B, 즉 술(Booze)과 여자(Broads)와 당구(Billiards)가 있는 곳으로 다시 돌아오면 될 것이었다. 테리는 특히 당구를 항상 지나치다 싶게 좋아했다. 시르가성으로 향하는 초공간 순항선에 오를 때는 그 미치게 좋아하는 것이 어느 날 한 혹성을 구하리라고는 꿈에도 알지 못했다.

시르가성에 당도했을 때 이 젊은 파일럿은 우주 공항에서 미소짓는 이르크누와 여동생 보건, 그리고 그의 온 가족의 영접을 받았다. 사실을 말한다면, 그들 외에도 또한 많은 사람들이 그곳에 모여 걱정스레 그를 기다리고 있는 것 같았다. 아니면 그것은 단지 잘못된 인상일 뿐이었을까? 하지만 그것이 명백히 잘못된 인상만은 아니라는 것은 그의 금발을 바라보는 사람들의 시선에서 느낄 수 있었다. 물론 도착 후 처음 잠깐 동안은 그것이 그리 놀라운 일로 생각되지 않았다. 시르가 인들은 모두 흑발이어서 금발의 이방인은 군중 속에서도 금방 눈에 띄었기 때문이다. 게다가 그전에 방문했을 때는 가는 곳마다 적잖은 화제를 불러일으키지 않았던가. 하지만 이번의 시르가 인들의 반응은 뭔가 달랐다. 그는 잠시 후 그것을 깨닫게 되었다. 사람들은 두려움과 흥분이 뒤섞인 시선을 감추지 않고 그를 뚫어지게 응시했다. 지나친 감이 있어 테리는 친구에게 그 점에 대해 물어 보았다.

"내 머리, 뭐가 이상해?"

"아니, 아니야. 나중에 설명해 줄게."

이르크누가 알 듯 모를 듯한 미소를 지으며 대답했다.

테리는 또한 공항과 그 도시의 모든 사람이 기분을 억제하고 있는 것 같은 인상을 받았다. 전 주민이 기도 중이거나 총체적인 위협 속에 놓여 있는 것처럼 말이다. 그는 다시 한 번 이르크누에게 그 점에 대해 물었고 또다시 이후에 설명해 주겠다는 약속만 받았다.

영빈관에 여장을 푼 후, 그날 저녁 이르크누가 이야기한 것을 요점만 말한다면, 시르가성은 3년 안에 총체적 파괴될 위험에 직면해 있다는 것이다. 그 혹성 최고의 천문학자들에 따르면, 지름이 약 200킬로미터나 되는 거대한 운석이 초속 20킬로미터의 속도로 시르가성의 궤도를 향해 돌진하고 있어, 지금부터 3년 후엔 시르가성과 충돌하리라는 것이다. 기적이 일어나지 않는 한 말이다. 하지만 무슨 기적? 시르가 인들은 당연히 하느님이 정말로 그런 기적을 일으킬 수 있다고 믿었지만, 그분에 대한 그들의 신앙은 그 점에서도 심각한 시험을 겪고 있었다. 이르크누가 말을 맺었다.

"지금은 우리 모두 우리의 믿음이 하늘에 네 위성의 이름으로 새겨져 있다는 걸 기억해야 할 때야. '우리는-하느님-을-믿습니다.' 말이야."

테리는 이 혹성 친구에게 각별한 애정이 있었기에 그의 하느님께 대한 신앙을 드러내놓고 조롱할 수는 없었지만, 그 상황에 하느님이 개입할 가능성에 대해서는 지극히 회의적이었다. 하지만 자기 감정을 발설함으로써 이르크누의 기분을 상하게 하고 싶진 않아 그만 화제를 바꾸려 했다. 그가 물었다.

"오늘 오후 공항에서 줄곧 나를 뚫어져라 쳐다보던 사람들의 태도를 설명해 주겠다고 했지? 내 머리가 무슨 문제가 있어?"

놀랍게도, 화제를 바꾸려는 그의 노력이 완전히 수포로 돌아갔음이 드러났다. 그의 머리색은, 시르가성의 위기와 이르크누가 그 위기에 처한 혹성으로 그를 간곡히 초청한 사연에 밀접히 연관되어 있었던 것이다. 이르크누가 수줍은 미소와 함께 대답했다.

"우스울지 모르지만, 우리 성서에는 이런 옛 예언이 기록되어 있어. '하늘로부터 재앙이, 하늘로부터 파멸이. 하늘로부터 구원자가 하늘로부터, 나의 금발 챔피언이.' 그래서 오늘 오후 사람들이 네 금발을 바라보고 있었던 거야. 외부 공간에서 오는 파괴로부터 우리를 구제해 줄 하느님의 그 '금발 챔피언'이 너 아닐까 해서 말이야."

테리는 어쩌면 자기가 그 혹성을 구하시려 하느님이 이용하시는 사람일지도 모른다는 친구의 암시에 아연했다. 그가, 자신은 구원자 역할에는 완전히 부적격이라고 정색을 했음은 물론이다. 그는 진지하게 말했다.

"이봐 친구, 꿈도 꾸지 말라고! 날 알잖아. 네가 잘 아는 여기 이 테리는 3B의 사나이라고. 기억 안 나? 그래, 술(Booze)과 여자(Broads)와 당구(Billiards), 그게 내 전문이란 말이야. 무슨 대단한 대의를 위해 활약한다든지 하는 것

따위는 잊어버리라고! 특히 하느님이 관여하시는 그런 대의라면 더욱더 말이야. 우린 그저 만나서 말 몇 마디 건넨 정도의 사이가 아니질 않나."

이르크누는 이 말에 씩 웃을 뿐이었다. 그는 이 젊은 파일럿 친구가 그 자신이 말하는 것보다 훨씬 나은 녀석이라는 걸 알고 있었다. 게다가 하느님은 늘 당신 계획의 도구로서 전혀 의외의 후보들을 선택하시니….

그 다음 며칠은 여유 있는 관광과 기분 풀이 오락으로 유쾌하게 보냈다. 하지만 기대와 두려움이 뒤섞인 눈으로 그의 금발을 바라보는 사람들의 시선은 자꾸만 테리에게 시르가성의 비극적 처지를 상기시켰다. 그들의 엄격한 예법 때문에 자기들의 감정을 드러내놓고 표시하진 못했지만, 그들이 금발의 외계인 젊은이에게 큰 일을 기대하고 있음은 분명했다. 이 모든 간접적 관심이 테리를 더 미치게 만들었다.

'도대체 이 사람들은 어떻게 내가 하느님의 챔피언일 거라고 믿는다지?'

그는 하루에도 몇 번씩이나 자문했는지 모른다. 한편 그는 시르가식(式) 당구를 발견하고는 매일 밤을 근처의 당구장에서 보내기 시작했다.

어느 날 밤, 그는 당구를 한 게임 치고 돌아오다 밤 하늘의 네 위성—시르가성의 궤도를 선회하는 소혹성들, '우리는-하느님-을-믿습니다.'의 장관을 감상하고 있는데, 갑자기 네 개의 거대한 당구공들이 우주라는 검은 벨벳 위를 구르고 있는 환영을 보았다. 바로 그 순간 아주 놀라운 발상이 뇌리를 스쳤다. 순간적으로, 당구공에 익숙한 덕분에 터득한 어떤 물리학적 원리들이 떠올랐던 것이다. 운동과 질량, 충돌 각도, 속도와 감속 등의 법칙들. 그러고는 갑작스레 자신이 시르가성 문제의 해결사라는 사실을 깨달았다. 그는 믿기지 않았다.
"아아! 하느님만이 이런 영감을 주실 수 있어. 아니면 내가 미쳤든가!"
흥분에 싸인 그는 최대한으로 빨리 집으로 돌아와, 이미 잠자리에 든 이르크누를 깨워서는 그 기막힌 아이디어를 내비쳤다. 그는 아직 잠이 덜 깬 이르크누에게 숨넘어가듯 말했다.
"들어 봐. 시르가성이 자기 태양의 방사열을 동력화함으로써 거의 무한정에 가까운 자연 에너지를 확보한다고 말했지? 맞지?"
"아, 그래, 그래, 내가 그랬지. 그건 사실이야, 맞다고."
"좋아, 이제 그 막대한 에너지를 네 위성에 돌린다고 가정해 봐. 예를 들면, 그 위성들의 표면에 전략적으로 설치한 수천 기의 제트 터빈을 이용해서 그들의 궤도 이동을 가속하거나 감속한다고 생각해 보란 말이야. 그들을 궤도를 따라 임의대로 움직일 수 있다면, 운석이 접근해 오는 바로 그 길목에 그것들을 정확히 일직선으로 배치할 수 있겠지? 그렇다면 어떻게 되겠어? 세 가지 중 하나야. 운석이 위성에 충돌할 때 한 차례씩 가해진 충격에 의해 감속되거나, 운석에 원심력이 생겨 시르가성 옆으로 비껴 가게 함으로써 충돌을 피할 수 있게 하는 지연 전술이지. 위성 하나나 모두와의 충돌의 충격이 운석의 방향을 바꾸어 놓거나 아니면 한 위성의 질량에 의해 운석이 산산이 부서지거나. 어찌 됐든 이 계획대로 하면 시르가성은 구원될 수 있어. 어떻게 생각해?"
이르크누의 패나 극적으로 자신의 감동을 표현하였다. 그는 눈을 감더니 황홀경에 빠져 중얼거렸다.

"우리는 하느님을 믿습니다."

그러고는 완전히 제정신이 아닌 듯 오랫동안 친구를 끌어안은 채 목청껏 소리지르며 환호작약하는 것이었다.

이 이야기의 대미는 시르가성의 기록 브관소에서 열람할 수 있다. 테리의 계획은 혹성 최고회의에 상정되어 철저한 타당성 조사를 거쳐 승인되었다. 계획은 승인이 나자 곧 시행에 옮겨졌다. 2년이 꼬박 걸려서야 마침내 네 위성을 적합한 위치에 배열하는 데 성공할 수 있었다. 그 거대 운석이 외계로부터 돌진해 들어왔을 때 그 충돌로 인한 충격이 너무나 컸기 때문에 그 진로에 배열되었던 첫번째 위성이 부서져 조각나 버렸다. 하지만 첫 충돌로 운석의 운동량은 상당량 감소되었다. 그래서 두 번째 위성 그러니까 '우리는-하느님-을-믿습니다.'의 네 위성 1조 중 '하느님'이라고 불리는 위성에 부딪쳤을 때는 운석은 산산조각나 버리고 말았다. 시르가성은 그렇게 아주 적절하게 구원되었다. 하느님의 이름을 가진 천체에 의해!

테리 힐로 말한다면, 그는 그 혹성의 전설들 속에 하느님의 금발 챔피언으로 등장하게 되었다. 전설 스스로가 솔직히 밝힌 대로, 주인공은 그의 인생 초기에는 하느님에 대한 시르가 인들의 믿음을 우습게 여겼다. 하지만 하느님이 혹성 하나를 재난에서 구하시기 위해, 자기와 같은 술끈에, 색골에다 당구광인 괴물까지도 어떻게 이용하시는가를 깨닫고부터는 마음을 고쳐 먹었다.

그는 노년에 늘 이렇게 말하곤 했다.

"우리는 하느님을 믿습니다. 그것이 돌진해 오는 운석을 이기고 살아 남는 최선책이므로."

24
세 개의 나

"진리가 너희를 자유롭게 할 것이다."

요한 8, 32

"많은 나이든 이들은
전체로 부분을 대신하는 것을 익히는 과정에 있다.
다른 사람들에게 인정받지 못하지나 않을까 염려하지 않고,
그 인정이 잘 변한다는 걸
이제는 더 잘 이해하기 때문에
그들은 점차 자기다워지려는 경향을 보이고 있다.
자신들이 좋아하지 않을지도 모르는 인격적 측면들에 대해
다른 사람들이 어떻게 생각하든 상관 않으면서."

데이비트 J. 메이틀랜드, 「반(反)문화로서의 나이 먹기, 노년의 소명」

세 개의 나

메그셔먼과 헤이즐 버틀러는 열다섯 해를 이웃으로 살아왔다. 하지만 그들은 피정 이후에야 친구 사이가 되었다. 이것은 그 과정에 얽힌 이야기다.

피정 전에도 그들은 꽤 사이좋게 지냈지만, 그 관계는 극히 피상적이었다. 그들은 각자 되도록 늘 좋은 인상을 주려고 노력하고 있었으므로, 자기 성격 중 상대에게 보여서 유리할 것 같은 측면들만 보여 주었다. 이 모든 무의식적 은폐의 결과는 예측할 수 있는 것이었다. 두 여자는 서로에게 다소 권태를 느끼고, 긴 대화라도 하고 있으면 피곤해지게 되었다. 함께 있을 때면 그들은 늘 자기들이 정신적으로는 조심스레 발끝으로 걷고 있다는 느낌을 가졌다. 그러니 둘 사이의 접촉은 극히 제한된 범위에서만 유지되고 있었다. 날씨에 관한 막연한 언급을 한다거나, 설탕을 한 컵 빌린다거나, 아니면 가끔씩의 심부름을 해주는 등.

그런데 아주 우연하게도 두 이웃은 근처 피정집에서 주말 피정을 갖는 여성 그룹에 함께 참가하게 되었다. 피정의 주제는 모두를 포용해 감싸 주시는 하느님의 사랑에 비추어 본 자기 용납과 타자 용납이었다. 피정 지도자는 상대가 하느님이건 다른 사람이건 진정한 관계를 맺으려면 무엇보다도 자신의 모든 측면(나쁜 것이든 좋은 것이든)을 다 같이 알리는 것이 중요함을 역설했다. 피정 지도자는 어느 대목에서 이렇게 말했다.

"우리가 온전해지려면, 우리는 우리의 상처받기 쉬운 마음 그대로, 좋은 점, 나쁜 점을 모두 가지고 하느님 앞에 나가 우리의 전 자아를 용납하시는 그분의 은총에 의지해야 합니다. 그것이 하느님을 우리의 하느님으로 받아들이는 길입니다. 마찬가지로, 우리는 사회의 인정을 얻기 위해서 다른 사람들에게 우리의 '최상의 자기'만을 제시하기도 하고, 우리의 본모습이 아닌 것을 가장하려는 짐을 질 수도 있고, 그렇지 않고 가식을 벗어 버리고 다른 사람들에게 자기 전 자아를, 선한 자기와 악한 자기 모두를 제시하고 그들의 자애로운 용납에 맡길 수도 있습니다. 어떤 이들은 우리의 나쁜 측면에 실망하고 우정을 철회할지도 모릅니다. 하지만 손해는 그들의 것일 뿐입니다. 그럴 때 우리는 그들의 조건적 우정은 처음에만 가치 있었던 게 아닌가 하며 회의할 것입니다. 하지만 다른 한편, 결점이 있으면 있는 그대로의 우리를 용납하는 사람들은 우리의 영원한 친구가 될 것입니다."

메그는 이 말에 충격을 받았다. 바로 자기를 두고 하는 말 아닌가! '되도록 좋은 면만 보인' 그 세월 동안, 의미있는 관계라는 측면에서 자신이 얻었던 것은 무엇인가? 진정 거의 없었다. 일례로, 이웃인 헤이즐 버틀러와의 관계를 생각해 보자.

분명 서로 따분한 관계! 서로에게 자기의 진정한 자아의 작은 한 부분만을 보여 왔다. 그것이 하느님이 당신의 자녀들에게 원하신 것인가? 품위 있는 거짓 모습 외에 그 무엇이란 말인가? 속으로 이런 의문들을 곱씹으며 메그는 하느님이 이끌어 주실 것을 기도했다. 피정이 끝났을 때 그녀는 이렇게 작정하고 있었다. 어떤 일이 있더라도 내가 먼저 헤이즐에게 다가가서 내 온전한 전체를 드러내 보이리라. 나머지는 헤이즐에게 달려 있는 것이다.

그녀는 그대로 했다. 피정이 끝나고 일상으로 돌아왔을 때 메그는 기회를 보아 이웃집으로 건너갔다. 적어도, 늘 자기들을 떼어 놓고 있는 고상한 겉치레의 벽만을 깨보리라 다짐하고 있었다. 놀랍게도 그날은 헤이즐이 커피를 내왔다. 이제까지는 한 번도 이렇게 한 적이 없었던 것이다. 이 작은 호의가 메그의 짐을 조금은 덜어 주었다.

분명히 자신이 지금 막 하려는 일에 대해 조바심이 나 있었음에도 그녀는 태연한 척 말을 꺼냈다.

"근데요, 헤이즐, 지난 주 피정에 대해서 좀 생각해 봤는데 말이에요. 댁만 괜찮다면 나에 대해 더 많은 걸 말해 주고 싶어요."

이 말을 듣고 헤이즐의 눈이 휘둥그래졌다. 자기 역시 지난 며칠 동안 똑같은 생각을 하고 있었던 것이다. 그래서 이웃이 그런 미묘한 화제에 용기 있게 물꼬를 내준 것이 여간 고마운 게 아니었다.

"아무렴, 괜찮다마다요. 사실은 저 역시 같은 생각이었거든요."

목소리에 진심어린 애정이 묻어 났다.

메그는 자신의 노력이 헤이즐을 놀라게 해 멀리 쫓아 버리지 않은 데 대해 깊은 안도감을 느꼈다.
"글쎄요, 제 말을 듣고 나면 생각이 달라질 걸요."
수줍게 웃으며 메그가 말을 이었다. 그녀는 잠깐 숨을 돌리면서 속으로 하느님께 힘과 지혜를 구했다. 그녀는 계속해서 말했다.
"이제까지는 당신에게 최상의 나만을 보여 드렸어요. 나는 그걸 하얀 나라고 부르지요. 당신이 아직 모르실지 모르겠지만, 거기에 다음과 같은 몇 가지를 더 추가할 수 있지요. 즉 나는 충실한 친구이고, 꽤나 좋은 아내요, 엄마입니다. 그리고 상당한 유머 감각을 가졌습니다. 이런 것이 사실상 내 하얀 나의 전부예요. 내 검은 나에 대해 말씀드리자면, 여기 당신이 아셔야 할 나의 그리 좋지 않은 면들의 명세서가 있어요."
메그는 호주머니에서 서류를 하나 꺼내더니 쓴 웃음과 함께 덧붙였다.
"적힌 내용을 좀 보세요. 십오 년 동안 당신께 감추어 왔지만, 아마 이미 많은 것들을 알아채셨을 거예요. 자, 들어 보세요."
그러고는 헤이즐에게 그 명세서를 읽어 주었다. 헤이즐은 이 기발한 의식에 감동과 함께 즐거움을 감추지 못했다.
"브리지 놀이는 지겨워서 하품이 다 날 지경입니다. 고상한 사람들은 몹시도 즐기는 모양입니다만. 마찬가지로 나는 프랑스 포도주는 냄새도 맡기 싫으면서 맥주는 또 왜 그리 좋은지. 얼마나 여자답지 못해요, 안 그래요? 저는 구구단도 다 못 외웠답니다. 옛날의 감상적인 영화들엔 사족을 못 쓰고, 법석떠는 희극엔 광이지요. 짜기나 코바늘 뜨개질, 바느질 같은 것은 싫어해요. 이런 여자들 소일거리보다는 목수일이 훨씬 좋답니다. 저는 낙태와, 어떤 종류의 전쟁이든 모든 형태의 전쟁에 반대합니다. 그리고 냄새에 굉장히 민감하지요. 국가는 별로 신뢰하지 않으며 세계 정부를 찬성하는 편입니다. 파티는 싫어하는데, 특히 칵테일 파티는 질색이지요. 맞춤법은 엉망이고, 무엇보다도 나이 먹으면서 가는 귀가 좀 먹어 가는 것 같아요."

낭독을 끝내고 메그는 명세서를 호주머니에 다시 접어 넣었다. 그녀는 자신에 대한 고통스런 폭로 시리즈를 마치고는 헤이즐을 똑바로 쳐다보지 못했다. 하지만 부끄러움을 무릅쓰고, 아직 달릴 힘이 남아 있을 때 마지막 장애물을 뛰어넘자고 마음을 굳게 다잡았다.

"이것들이 세 가지 나예요, 헤이즐. 이미 대부분 알고 계셨던 하얀 나와, 방금 제가 말씀드린 이 검은 나, 그리고 마지막으로 세 번째 나가 있는데, 그것은 그 두 가지 색을 다 띠고 있는 나의 종합편이랍니다. 어떤 걸 택하시겠어요?"

이 마지막 질문을 할 때, 그녀의 목소리엔 허세와 익살기가 배어 있었지만 그녀의 가슴은 두근거리고 있었다. 옛날에 자신의 몇 가지 부정적 특성을 알아채곤 자기에게 냉담해졌던, 상당수의, 이른바 친구라는 사람들이 떠올랐기 때문이다. 그들은 그녀를 그 모습 그대로 받아들이길 거부했으며, 그에 상응해서 자기들 편에서 자신들의 어두운 면을 드러내 보여 주겠노라 작정하지 못했었다.

헤이즐은 환하게 웃었다.

"종합편을 택하겠어요, 괜찮으시다면."

메그는 그 자리에서 키스를 퍼부을 뻔했다. 자기 본모습이 용납된 게 그다지도 다행스러웠던 것이다. 하지만 그때 자신들이 다리를 아직 반밖에 건너지 못했음을 기억했다.
그녀가 소심하게 웃으며 말했다.
"아무렴요, 괜찮다마다요. 사실은 좋아서 눈물이 다 날 지경이에요. 하지만 한편으론 당신에 대해서도 조금은 궁금하답니다. 헤이즐, 지금까지는 당신의 훌륭한 성품들만 엄청나게 많이 보아 왔어요. 혹시 당신도 세 가지 나가 있으세요?"
헤이즐의 두 눈이 두 개의 스포트라이트처럼 빛을 발했다. 그녀가 신이 나서 대답했다.
"아, 있다마다요!"
그들 우정이 시작되는 순간이었다. 그리고 모든 우정의 핵심에 커다란 결속력으로 작용하시는 하느님은 하늘에서 인간적 사랑의 이 믿음직한 새싹을 내려다보시며 만족스런 미소를 짓고 계셨다.

25
장(將)이야

"우리에게는 하늘로 올라가신 위대한 대사제시며 하느님의 아들이신 예수가 계십니다. 그러므로 우리는 그분에 대한 신앙을 굳게 지킵시다. 우리의 사제는 연약한 우리의 사정을 몰라 주시는 분이 아니라 우리와 마찬가지로 모든 일에 유혹을 받으신 분입니다. 그러나 죄는 짓지 않으셨습니다."

히브 4,14-15

"그런데 우리는 우리의 가난을 두려워해서, 우리의 축복받은 가난에서 도망친다. 우리는 그것을 너무나 증오한 나머지, 할 수만 있으면 근절시키고자 한다. 일소하라. 벗어나라. 하지만 그 대가는 바로 우리 자아의 상실이다. 우리가 하느님이 아니라는 데 격분해, 마치 하느님인 듯 행세하고 싶은 유혹을 받는다. 우리는 그리스도께서 스스로 택하셨던 바로 그 조건으로부터 벗어나려 애쓰고 있다."

존 F. 카버노프, 「가난의 얼굴들, 그리스도의 얼굴들」,

장(將)이야

　어렸을 때 켄 모리스는 체스 게임에 매료되었다. 그래서 게임 규칙을 이해할 수 있는 나이가 되자마자, 명인은 말할 것도 없고 세계 챔피언이 되고자 게임을 익히기 시작했다. 불행히도, 어느 시점에 이르자 그는 자신이 혼자 힘으로는 목표를 달성할 수 없다고 오판을 내리고 외부의 도움을 구했다. 물론 그때 그는 하느님의 은총에 의지해 그런 처지에서는 흔한 위험들을 감수할 수도 있었다. 하지만 그 방식은 너무 취약하며 하느님의 은밀한 계책에 말려들 위험이 너무 크다고 생각했다. 그래서 자기가 원하는 것을 절대 확실히 얻기 위해서 악마와 계약을 맺었다. 스물다섯 살 전에 세계 챔피언이 되면 자기 영혼을 맡기로 한 것이다. 이 계약을 맺을 때 켄은 열여덟이었다. 따라서 악마가 이 거래의 제 몫을 이행하려면 단 7년밖에 남지 않은 셈이었다.
　그 다음 7년 동안 켄에게는 승승장구의 외길만이 이어졌다. 겨루는 족족 쉬이 이겼던 것이다. 그 소도시의 기사들, 그 군,

그 주 그리고 그 나라의 기사들 모두를. 그리하여 스물다섯 번째 생일을 몇 달 남긴 지금, 그는 국제 체스 무대에서 젊은 수재로 받아들여지고 있었다. 사실 그는 이미 세계 챔피언 결정전에 출전해 예선에서 모든 적수를 물리쳐 놓은 상태였다. 이제 그는 막 결승전에서 챔피언 방위 선수가 될 찰나였다. 그러니 일이 잘만 풀리면 어린 시절의 꿈을 이룰 수 있을 터였다.

일이 잘만 풀리면, 바로 그것이 문제였다. 체스의 고수들 사이에서 혜성처럼 떠오를 때 이미 켄은 그 사실을 깨달았다. 일은 늘 잘 풀렸다. 으레 악마가 승리를 보장하고 있었기 때문이다. 그러자 거칠 것 없이 이기는 데 싫증이 나기 시작했던 것이다. 실제로 몇 번인가는 이기지 않아 보려고 무진 애를 썼지만 뜻을 이루지 못했다. 웬일인지 상대들이 그의 패착에 오히려 혼란을 일으켜 더 큰 악수를 두어서는 뭐가 잘못됐는지 알지도 못한 채 게임을 내주고 마는 것이다.

켄은 알고 있었다. 적수의 머리를 어지럽히는 것은 으레 그 악마이며, 이로 인해 늘 식은 죽 먹기로 낙승할 수 있었다는 것을 알고 있었던 것이다. 그 결과, 항상 이기긴 했지만 몇 번이나 실은 지는 대국이었다는 자각이, 체스에서 느끼는 그의 즐거움을 망쳐 놓았다. 그리하여 영혼뿐 아니라 체스에 대한 열의마저 식게 될 참이었으니, 그는 악마에게 자신을 손해 보고 팔았음을 깨닫기 시작했다. 뭔가 대책이 필요했다. 정말 몇 년 만에 처음으로 그는 하느님께 자신을 구해 달라고 간절히 기도했다.

그때 하느님이 그에게 영감을 주셨다. 일시에 그의 영혼을 구할 수 있을 뿐 아니라 체스의 기쁨까지 회복할 수 있는 기막힌 방법이었다. 다시 말하면, 자신에 대한 악마의 지배권을 떨

치내 버릴 방법을 찾은 것이다. 물론 그것은 자신이 게임의 위험에 완전히 노출된다는 것, 그러니까 오직 자신의 기지와 실력에만 의존해야 한다는 것을 의미했다. 하지만 켄으로서는 그런 것이야 아무래도 좋았다. 세계 챔피언이 되더라도 그 방법만이 자신의 승리의 참맛을 느낄 수 있게 할 유일한 길이었으니까. 그 외에는 어떤 것도 자신의 승리를 무의미하게 할 뿐일 터였다.

마침내 세계 챔피언 결정전 전날 밤, 이 젊은이는 자신의 기발한 착상을 실행에 옮기기 시작했다. 우선 악마로 하여금 모습을 드러내게 해야 했다. 그는 마음 속의 비밀 통로를 통해 악마에게 최후통첩을 보냄으로써 그렇게 할 수 있었다. 그는 사탄에게 말했다.

"모습을 나타내어 내 청을 하나 들어 주시오. 안 그러면 내일 대국에 출전하지 않을 것이오. 그렇게 되면 나는 스물다섯 살까지 세계 챔피언이 되지 못할 것이니, 결국 당신은 그 거래의 목적을 이루지 못하게 되는 것이오."

사탄이 보일 반응에 대한 그의 계산은 들어맞았다. 악마가 그날 밤 켄의 호텔 방문 앞에 나타났던 것이다. 호텔 접대원으로 가장하고 있었지만 켄은 음울한 표정과 사악한 눈을 보고 금방 알아보았다.

"들어와 앉아서 내가 하는 이야길 들으시오."

젊은이가 퉁명스럽게 말했다. 악마는 자기의 피보호자가 예의를 갖출 기분이 아니라는 걸 알고 방에 들어와 말없이 자리에 앉았다. 그는 켄이 체스판을 차려 놓은 걸 보았다. 다른 손님이 눈에 띄지 않는 걸로 보아 둘의 대국을 위한 것이 분명했다. 뭘 하려는 것이냐는 듯 체스판을 바라보는 사탄에게 켄이 답을 주었다.
"그렇소. 우리가 둘 거요. 오늘 밤 당신과 내가 내 영혼을 걸고 맞붙는 것이오."
"네 영혼을 건다고?"
악마가 코웃음을 쳤다.
"내일 일은 걱정할 게 없는 줄로 아는데? 말할 것도 없이 네가 우승하게 될 거니까 말이야."
"내일까지 기다릴 것도 없소."
젊은이가 결연히 말했다.
"어라? 왜지?"
"내일은 당신에게 아무 도움도 안 받고 내 실력으로만 겨루고 싶기 때문이오, 결과는 어찌 되든 상관 없소. 보시오 이미 오래 전에 보장된 승리에는 아무런 재미도 없다는 걸 알았소. 특히 당신이 상대의 등에 달라붙어 있을 때는 더 모든 것을 거는 스릴을 맛보고 싶소. 내가 이긴다면 그 얼마나 기쁠까!"
"하나 진다면?"
"상관 없소. 최소한 공정한 시합이 될 테니까 그 판만은 말이오."
악마가 머리를 흔들었다.
"하지만 내겐 상관 없질 않아. 네가 그 대국에서 지면 난 네 영혼을 놓치게 된다고. 안 될 말이지. 늘 하던 대로 널 돕겠다. 네가 원하든 원하지 않든 말이야. 그러니 넌 원하든 원치 않든 이기게 되는 거야."
켄은 소리없이 웃었다. 그는 마음이 편했다. 사탄보다 유리한 입장임을 확신하게 되었다.

"그렇소? 하지만 그건 내가 출전할 때 이야기요. 내가 안 나가면 당신은 꼼짝없이 내 영혼을 놓치게 되는 거요. 그러니 당신은 선택의 여지가 없소. 나 혼자 힘으로 게임을 하도록 놔둬야 할 거요."

악마는 한방 얻어맞았다는 걸 알았다. 하지만 그는 켄의 생각에 동의하는 듯이 가장할 수 있었다. 거짓말의 아버지가 거짓말 하나쯤 더 한들 무슨 상관이겠는가? 실제로는 켄이 눈치 못 채게 이기도록 도우면 될 것이 아닌가? 아무래도 그 혼자만의 힘으로 대국을 치르도록 놔 두기엔 너무 위태로웠다. 악마가 말했다.

"좋다, 내가 내일은 돕지 않겠다."

젊은이는 이런 계략에 넘어가지 않았다.

"그러면 당신이 날 돕지 않으리란 걸 어떻게 보장한단 말이오?"

그는 거리낌없이 말했다.

"내…. 어…. 그러니까…. 너한테 내 명예를 걸고 약속하지."

이번에는 켄이 방문자에게 드러내 놓고 코웃음을 치며 비아냥거렸다.

"이거 왜 이러시오? 당신한테는 없는 것에, 아니 있어 본 적도 없는 것을 믿어 보라는 말씀이오? 명예? 좀 솔직해집시다. 당신 약속은 내겐 빈말일 뿐이오. 내게 더 좋은 생각이 있소. 내일 시합에 당신이 손을 쓰지 않을 것을 완벽히 보장해 줄 대책 말이오."

악마가 의자에서 일어났다. 그에게는 호기심이 동하는 기미가 역력했다.

"그래? 그게 뭐지?"

"체스 게임이오. 지금 당장 한 판 벌이는 거요. 걸 것은 내 영혼이오. 당신이 이기면, 대회에서 우승하도록 나를 도울 이유가 없어지는 거요. 내 영혼이 이미 당신 것이 돼 있을 테니까. 안 그렇소?"
 악마는 켄의 추론에서 어떤 함정이 개제된 기미를 눈치챘으나 아직까지는 오류를 찾아 낼 수가 없었다.
 "맞다 맞아!"
 그가 마뜩찮게 인정했다.
 "하지만 내가 진다면?"
 켄은 어깨를 한 번 으쓱하고는 결론을 지었다.
 "그러면 우리 사이의 거래는 완전히 끝나는 거요. 당신은 내 영혼을 영원히 잃게 되고, 그에 따라 당연히 내일 시합에 개입할 이유도 없게 되는 거요. 자, 어떻게 하겠소?"
 사탄은 그 제안을 곰곰이 생각해 보았다.
 '만일 지금 대국하지 않는다면 켄은 시합에 참가하지 않을 것이고, 그러면 기권패한다. 그리 되면 나 역시 이 젊은 녀석의 영혼을 놓치게 되고 말아. 반면, 지금 대국을 해서 이긴다면…, 그렇다면 망설일 이유가 없잖은가? 분명 초인적인 지적 능력을 가졌으니, 나약한 인간이야 누구라도 월등한 묘수로 쉽게 해치울 수가 있다. 게다가, 켄이 체스에 관해 알고 있는 것은 죄다 내가 가르쳐 준 것이다. 안 그런가?'
 사탄의 이런 속내를 짐작하고 켄은 그의 극히 강한 자존심을 이용해서 밀어붙이기로 작정했다.
 "물론 질까 봐 겁난다면 대국할 필요 없이 패배를 시인하기만 하면 되는 거요. 다 이해하니까 염려 말고. 아무도 너무 심하게 망신당하는 걸 원치 않는 법이니까."

"망신? 패배? 진정이신가?"
비꼬는 티를 감추지 않으며 사탄이 물었다.
"그럼 좋소, 한판 벌입시다."
켄이 매듭을 지었다. 그는 갑자기 아주 사무적이고 침착해져서 상황을 이끌어 가는 주도자로 돌변했다. 왜 안 그러겠는가? 그는 자기가 이길 것을 알고 있었다. 어김없이 그의 승리를 보장할 확실한 계획을 이미 짜놓았기 때문이다.
이렇게 해서 게임이 시작되었다. 당연히 켄은 무척 신중하고 치밀했다. 그는 최선을 다해 게임에 임했다. 그것은 진정 멋진 한 판이었다. 게임을 얼마나 복잡하게 얽느냐에 자기 목숨을 걸었기 때문이다. 하지만 결국 자신은 사탄의 적수가 못된다는 것도 알고 있었다. 따라서 적절한 순간에 결정수(手)를 써야 했다. 그건 사탄이 아직 약간의 우세를 토이고 있어서 어떻게 해서든 자기 우세를 굳히고 싶어 안달이 날 때가 되어야 했다.
바로 그런 순간이 오자, 켄은 일어서며 갈했다.
"잠시 실례하겠소. 화장실에 좀 가야겠소."
그러고는 밖으로 나갔다. 하지만 체스판의 말들 하나하나의 정확한 위치를 완벽하게 기억해 놓는 걸 잊지 않았다. 그는 천재는 아닐지 몰라도, 체스판 정도는 백 퍼센트 신뢰해도 좋은 사진과도 같이 상세하게 기억할 수 있었다.
잠시 후 돌아오자, 그는 즉시 자기 계획이 들어맞았는지 알아보기 위해 체스판을 유심히 살폈다. 그는 뭔가를 발견하곤 가슴이 터질 듯 기뻤다. 성공이야!
"쯧쯧! 당신이 진 것 같소, 사탄."
짐짓 유감스러운 듯 켄이 말했다.
"뭐라고? 무슨 소릴 하고 있어?"

사탄이 놀라서 물었다.

"당신은 실격이라는 말씀이오. 속임수를 썼으니. 여기 이 졸(卒)을 좀 보시오. 내가 화장실에 간 사이, 이 말을 움직여서 결정수를 둘 수 있는 자리에다 갖다 두었소. 내게 외통장군을 부를 셈으로 말이오. 그렇소, 세 수 만에 말이오. 하지만 외통수를 당한 건 당신이오."

당연히 사탄은 항변하며 미친 듯 고함을 치고 사납게 날뛰면서 켄을 당장 그 자리에서 지옥으로 데려가겠노라 협박도 했다. 하지만 그건 모두 허세에 지나지 않았다. 그는 실제로, 켄이 영민하게 계산했던 대로 속임수를 썼던 것이다. 젊은이는 적수의 타고난 부정직성을 이용했던 것이고, 결국 그가 이겼다. 악마는 원초적으로 절대 공정한 게임을 할 수 없는 존재였다. 단 한 번도. 그는 발끈해서, 무력한 분노의 마지막 폭발로서 문을 꽝 닫으며 떠나갔다.

다음 날 켄은 7년 만에 처음으로 도움을 받지 않고 대국을 했다. 갑자기 모든 게 그 얼마나 위태위태하던지! 그래서 그리스도교 신앙을 인격 형성기 내내 전혀 성숙시키지 못한 채 내버려 두었던 그로서는 참으로 낯선 일이었지만, 그 역사적인 챔피언 결정전이 벌어지는 동안 줄곧 열렬히 그리스도에 대해 생각했다. 그가 자기 마음의 눈으로 찾아 낸 것은 한 인간으로서의 그리스도의 나약함이었다. 그렇게나 오랫동안 쉬이 위험을 피해 다녔던 그가 이제, 우리를 향한 그리스도의 사랑에 대해 뭔가 이해하기 시작했던 것이다. 그 사랑이야말로, 그리스도께서 모든 면에서 좀더 우리와 닮으시려고 모든 우리의 위험들과 불확실성에 자신을 그대로 드러내신 원동력이었던 것이다. 그리고 이런 점에서 켄은 난생 처음으로 자신의 주님께 공명할 수 있었다. 참으로 이상한 체험이었다.

대국의 결과는 어떠했는가? 그가 간발의 차이로 졌다. 졌지만 큰 기대를 가지고 다음 시합을 기다려 봐도 좋을 만큼 아주 아슬아슬하게 졌다. 어쨌거나 현 챔피언은 늙었고, 자기는 아직도 앞날이 창창한 젊은이가 아닌가. 게다가 오직 자신의 기량에만 의지한 시합이었기에 그것은 훨씬 더 재미가 있었다.

아무튼 그 특별한 시합은 패했지만, 켄은 그럼에도 불구하고 다른 더 중요한 점들에서는 승자였다. 어떤 점에서? 그의 영혼, 인간 그리스도와의 독특한 친교, 자기 능력에 대한 새로운 자신감 등의 면에서 그러했다. 시합 한 차례에 이 정도 수확이면 꽤 괜찮은 성적이 아닌가?

떠오르는 태양
-하느님께 다가가게 해주는 짧은 이야기들4-

지은이 • 닐 기유메트
옮긴이 • 박웅희
펴낸이 • 유광수
펴낸곳 • 성바오로
주소 • 서울 강북구 미아9동 103-36
등록 • 7-93호 1992.10.6

발행일 • 1996.1.30
1-3쇄 • 2003. 12. 15
SSP • 399

취급처 • 성바오로 보급소
TEL • 9448-300, 986-1361
FAX • 986-1365
통신판매 • 945-2972
E-mail : bookclub@paolo.net
http : // www.paolo.net

값 6,500원

ISBN 89-8015-081-4